하나님 부자되는 리얼 신앙에세이

설레는 일만 해도 괜찮아

하나님 마음 어디쯤

글 **신혜영**

전대진
베스트셀러 〈하나님, 저 잘 살고 있나요?〉 저자
〈하나님의 메신저〉 운영자

사람들은 늘 '비결, 비법'을 찾는 것을 좋아합니다. 물론, 같은 에너지를 투자해서 좀 더 실수를 줄일 수 있는 효과적인 길이 있다면 그것은 지혜로운 선택입니다. 하지만 그 길을 마침내 찾는 사람은 결국 부지런히 두드리고, 시도하고, 시행착오를 겪어본 사람일 것입니다.

젊은이들이 평소 하나님 말씀을 가까이 하고, 앞서 쓰임 받은 믿음의 선배들의 이야기를 듣고, 독서를 하고 좋은 습관을 훈련하며 배워야 하는 이유도 이것입니다. 세상에서 더 많은 이들의 유익을 위해 존재(엡 2:10, 고전 10:24)하는 게 크리스천의 존재 목적이기 때문입니다.

하나님이 지으신 목적대로 사는 삶, 그분의 뜻에 충실한 삶이 성공한 삶입니다. 하지만 그것은 한 번에 되지 않습니다. 누구나 처음이 있습니다. 누구나 시작할 때는 어설프고 힘듭니다. 그래서 사람에게는 스승과 멘토가 필요합니다. 여호수아에게는 모세가 있었고, 엘리사에게는 엘리야가 있었고, 열두 제자에게는 예수님이 있었고, 디모데에게는 바울이 있었습니다. 저에게도 많은 스승과 멘토가 있습니다. 앞서 귀하게 쓰임 받는 이들을 보며 지속적으로 도전을 받고 그들이 했던 실수를 반복하지 않으려 의식적으로 노력하자 현저히 시행착오가 줄어든다는 걸 발견합니다. 하나님께서 '성경'을 우리에게 남겨주신 이유를 성경은 분명 말합니다.

디모데후서 3:16-17
모든 성경은 하나님의 감동으로 된 것으로 교훈과 책망과 바르게 함과 의로 교육하기에 유익하니 이는 하나님의 사람으로 온전하게 하며 모든 선한 일을 행할 능력을 갖추게 하려 함이라

'하나님의 사람'으로서 온전해지도록, 그분이 기뻐하시는 선한 일을 행할 능력을 갖추도록 '교육'하기 위해서라고 합니다. 성경에는 예수 그리스도를 예표하는 인물들과 사건들이 계속 등장합니다. 그리고 승리의 스토리만 있지 않고, 실수의 스토리도 가감 없이 보여줍니다. 왜 그럴까요? 하나님 앞에 머무른 삶과 하나님을 떠난 삶을 보고 배우고 기억하라는 것입니다.

하나님의 사람으로 앞서 쓰임 받는 선배의 시행착오를 듣고 배운다는 것(교육)은 우리에게 큰 유익을 줍니다. 같은 실수를 반복하지 않고, 하루라도 더 빨리 나의 시선을 나에게서 주께로 향하게 하고, 하나님의 기쁨을 위해 살 수 있게 합니다. 이 책에서도 저자는 지난 세월 간 겪은 시행착오와 그 안에서 씨름하며 얻은 해답과 지혜를 독자들을 위해 나눕니다. 이 책은 여러분이 신앙생활에서 겪을 수 있고, 그리고 앞으로 겪게 될 수많은 고민과 시행착오를 줄여주고 도와줄 귀한 동역자가 될 것입니다.

하나님과 함께하는 매일이 미라클입니다

크리스천 작가 **박은혜**
〈100일의 미라클 감사일기〉 저자

우리는 매일 삶의 롤러코스터를 탑니다. 기분 좋고 두근거리는 짜릿한 순간도 있지만, 한없이 바닥으로 떨어져 당황스럽고 억울한 순간도 있지요. 무언가를 준비하며 인내로 견디고 기다리는 시간은 긴데 또 기쁨의 순간은 얼마나 순식간에 지나가는지요.

하나님은 선하시고 우리를 사랑하십니다. 그 사랑은 영원합니다. 그런데 왜 우리를 이렇게 험하게(?) 굴리실까요?

신혜영 작가님과 이런 대화를 한 적이 있습니다. 하나님이 주시는 선물은 포장이 참 누더기이고 겉으로 보기에는 별로인 경우가 많다고요. 하지만 선하신 주님, 우리를 죽기까지 사랑하신 그 영원한 사랑을 믿는 겁니다. 쉽지 않지만 눈 딱 감고 똥 같은 포장을 하나씩 벗겨 나갈 때 기적이 일어납니다. 그 안에는 진짜 상상도 못 한 선물이 숨겨져 있다는 것이죠. 세상이 상상할 수 없는 반짝반짝 빛나고 나에게 가장 선하고 유익한 보물이 들어있습니다. 논리로 설명할 수 없는 물리적 축복이 쏟아지기도 하고 내면의 혁명적 변화가 일어나기도 합니다. 그리고 무엇보다 진정한 영혼의 평안을 주십니다.

스스로 위로하며 애써 위장할 필요 없는 참된 평안을요. 우리가 억지로 담대한 척, 당당한 척, 괜찮은 척할 필요가 없습니다. 주님이 계시잖아요! 마음이 상하고 억울하고 답답하고, 이해되지 않을 때 그 모습 그대로 인자가 풍성하신 주님께 나아갑니다. 주님은 우리에게 버거운 일상을 견디고 살아낼 수 있는 새로운 힘을 주십니다. 이제 우리는 그저 우리에게 맡기신 길을 한 걸음씩 걸어가면 됩니다.

예레미야애가 3장
22절 여호와의 인자와 긍휼이 무궁하시므로 우리가 진멸되지 아니함이니이다
23절 이것들이 아침마다 새로우니 주의 성실하심이 크도소이다
24절 내 심령에 이르기를 여호와는 나의 기업이시니 그러므로 내가 그를 바라리라 하도다

이 책을 통해 신혜영 작가님은 하나님의 선물을 받고 용기 내어 포장을 여는 비법을 공개했습니다. 어디서도 듣기 힘든 꿀팁이 가득 담겨있지요. 이 책을 읽는 모든 분이 하나님 안에서 설레는 일을 하며 주님이 주신 기쁨과 은혜를 충만히 누리시길 진심으로 축복합니다.

목차

들어가는 글　　10

1장 하나님 도대체 어디 계세요 : 육탄전 마이 라이프　　15

1. 오 마이 갓!
2. 망했다. 내 인생
3. 빨래하기 좋은 날
4. 견딜만한 고통만 주신다면서요
5. 납작 엎드리고 살게요

2장 하나님의 마음은 어디쯤 : 성경 읽기 라이프　　41

1. 당신을 사랑하기에 주지 않으십니다
2. 이것만 해도 인생 대박 납니다.
3. 내 계획 따위는 쓸모가 없어
4. 당신을 위해 개그맨이 될게요
5. 인생에서 가장 가치 있는 투자
6. 연봉을 올리시는 하나님만의 방법
7. 하나님께 인정받는 유일한 방법

3장 하나님의 계획은 어디쯤 : 기도 라이프　　79

1. 우린 그렇게 가까워졌어요
2. 어리광 피우기
3. 제가 당신을 감히 위로해 봅니다
4. 효과 만점 부장님 기도
5. 하나님은 왜 내 기도에 응답이 없으실까요

4장 하나님의 머니는 어디쯤 : 십일조 라이프   105

1. 하나님 부자가 지켜야 할 0순위
2. 목에 칼이 들어와도 이것만은 꼭
3. 목사님만 아는 하나님 부자의 비밀
4. 과자 부스러기만 먹어도 배불러요
5. 까불지 말고 마음이 시키는 대로
6. 하나님 신용점수 올리는 법
7. 지혜로운 부자 되는 법
8. 돈이 많아지면 하겠다는 거짓말
9. 하나님 저 벤츠 타도됩니까
10. 하나님의 사람에게 투자합니다

5장 하나님의 순간은 어디쯤 : 감사 라이프   157

1. 나도 모르게 고백해 버렸다
2. 옳은 일에는 타협이 없습니다
3. 피부과에 가지 않아도 피부 미인이 되는 법
4. 그럼에도 불구하고 감사합니다
5. 완벽한 인생 오늘부터 시작
6. 다 이유가 있을 거라는 기대

6장 하나님의 사랑은 어디쯤 : 이웃사랑 라이프   187

1. 입에 쓴 초콜릿이 진짜입니다
2. 앞으로는 비즈니스만 타겠습니다
3. 아무리 뛰어봤자 개미
4. 누군가를 용서하기 전 먼저 해야 하는 일
5. 사람이 두려운 이유
6. 이거 실화임?

마치는 글   226

들어가는 글

당신의 설렘은 언제인가요?
생각만 해도 입꼬리가 귀 끝으로 슬며시 올라가고, 나도 모르게 심장박동이 빨라지고, 동공이 커지는 순간이 있죠. 누군가는 사랑하는 사람을, 누군가는 공항으로 가는 길을 떠올릴 수 있겠네요. 치킨 배달을 기다리는 40분에, 장바구니에 담아둔 원피스를 결제하는 순간에 설렐 수도 있겠군요. 각자가 느끼는 설렘의 색깔은 분명 다르겠지만 마음이 둥둥 떠오르고 얼굴이 발그레해지고 심장이 쿵쾅거리고 웃음이 살짝 귀 끝에 걸린다는 건 언제라도 멋진 일이죠. 설렘이란 단어만 들어도 발바닥이 간지러운 느낌이잖아요.

문득 망고가 먹고 싶더군요. 지금이 망고 철인가? 잠시 생각했죠. 마트를 들를까 고민했지만, 슬그머니 귀찮아졌어요. 그런데 며칠 뒤 택배로 망고가 떡 하니 도착한 겁니다. 세상에 이런 일이, 누가 내 생각을 읽었나? 순간 설레더군요.
사실, 저는 매일 설레요. 이상하게 모든 일이 그냥 술술 풀려 딱히 걱정이 없어요. 불안하거나 초조하거나 답답하지 않고 늘 평안합니다. 저를 중심으로 세상이 돌아가는 것 같아요. 노력하는 것 이상의 결과를 아주 쉽게 얻죠. 게다가 언제부터인지 주변 사람들이 하나같이 참 착해요. 서로 위하고 배려해주고 진실하고 긍정적인 사람들로 가득해요. 인간관계로 스트레스 받을 일이 없네요. 싸울 일도 화낼 일도 없답니다. 내일은 어떤 일이 일어날까 설레는 마음으로 잠을 청합니다. 참 근사한 일이죠? 이뿐만이 아니에요. 지갑에 현금이 마르지 않아요. 통장으로 매일 돈이 들어와요. 제가 주식이나 코인을 하지도 않는데도 꼬박꼬박 돈이 쌓여요. 1~2년은 수입이 없어도 지낼 수 있을 만큼의 여유도 있어요. 물론 아껴 산다는 전제하에서지만요. 작년엔 현금으로 벤츠를 샀어요. 이쯤 되면 '뭐야! 금수저네. 아 재수 없어!' 하실 수 있겠지만 당치도 않은 소립니다. 그렇다면 '도대체 뭐야? 어떻게 그래? 비결이 뭐예요?' 하시겠죠.

성격 급한 당신을 위해 빨리 고백할게요. 이 모든 설렘의 비밀은 바로 하나님입니다. 답을 드렸지만 '도대체 하나님이 어떻게?'라고 하실 것 같아 이 책을 씁니다. '저는 매일 설레는 일 만합니다. 그래도 괜찮더라고요.' 제 말에 고개가 갸우뚱하시죠? 하나님이 안에 살면 설레는 일만 해도 괜찮습니다. 하나님은 당신을 사랑하시고 그게 그분의 뜻이니까요. 아니 사는 게 얼마나 팍팍한데 무슨 말 같지도 않은 소릴 하냐 하실 수 있을 겁니다. 저도 얼마 전까지는 그런 마음이었으니 충분히 이해합니다만 이 책을 끝까지 읽어보시면 아하! 하실 거라 믿어요.

아버지가 자식에게 용돈을 좀 넉넉히 주겠다는데 받지 않을 이유가 있을까요? '저는 오로지 제힘으로 버틸 테니까 아버지 도움 전혀 필요 없습니다. 됐습니다.' 하는 자식이 있다고 칩시다. 이건 말이죠, 아버지랑 인연 끊겠다는 겁니다. 하나님 자녀로서 받을 수 있는 권리를 왜 스스로 차버리세요? 이유는 하나죠. 못 받아 봐서 모르시는 걸 겁니다. "아니, 줘야 받죠. 도대체 어떻게요?" 하시겠지요.

매일이 평안하고 내일이 기대되는 삶이 저에게 주어진 건 그리 오래되지 않았어요. 도대체 제가 뭘 그리 잘못했냐고, 왜 저에게 이러시냐고 울고불고 한바탕 난리가 났죠. 죽을힘을 다해 하나님을 원망하던 제가, 온 힘을 다해 하나님의 재롱둥이가 된 이야기를 이제부터 찬찬히 들려드릴게요. 물론 축복의 통로가 되는 모든 비결을 알진 못하지만 제가 알아낸 방법은 모조리 다 공개하겠습니다. 왜냐고요? 제가 누리는 이 깊고 넓은 평안함과 설렘을 당신도 맘껏 누리셨으면 하니까요. 매일 기쁨이 넘치는 기적 같은 일상을 누리고 싶으시죠? 한 문장으로 딱 잘라 말씀드릴게요. 당신의 인생을 180도 바꿀 수 있는 가장 빠르고 분명한 방법은 아주 쉽고 간단합니다.

하나님을 웃게 하면 당신은 매일 설렐 거예요.
그러니 설레는 일만 해도 괜찮아요.
하나님과 동행하는 삶을 살면 모든 순간이 설렘 가득 입니다.

PS.

이 책을 읽는데 방해물이 불쑥불쑥 튀어나올 수 있어요. 책을 못 읽게 하는 상황이나 마음이 들어올지 몰라요. 마귀도 꽤 영리하거든요. 그럴 땐 신나게 외치세요.

"꺼져. 이 마귀 새끼야!"
너무 심하다 싶으면 좀 더 우아하게 이야기해 볼게요.
"예수의 이름으로 명하노니 사탄아 물러갈지어다."

준비되셨으면 이제 슬슬 그 방법을 찾으러 같이 떠나볼까요?

1장
하나님 도대체 어디 계세요

육탄전 마이 라이프

오 마이 갓!

"하나님 저, 이 결혼해야 합니까? 아닌 거 같은데…. 한국으로 돌아가야 할까요? 결혼이 하나님의 뜻이 아니라면 지금 당장 제 눈앞에 네잎클로버를 보여주세요."

호주 케언스 이름 모를 벌판에서 하나님께 진지하게 도전장을 냈어요. 제게 주어진 시간은 10분도 채 되지 않았죠. 케언스에서 다시 시드니로 내려가는 길에 잠시 멈춰선 한적한 길에서 하나님께 다짜고짜 쏘아붙였어요.
'하나님! 남자친구와 7년이나 만났지만, 왠지 이 결혼에 확신이 없어요. 이 불편한 마음이 하나님의 뜻이라면 지금 제가 눈을 딱 떴을 때 네잎클로버를 보게 해 주세요.'
속으로 기도하면서도 '말도 안 되는 소릴 하는구나!' 싶더군요. 28년을 살면서 네잎클로버를 단 한 번이라도 찾아본 적이 있냐고, 이런 확률을 기대하는 건 몹쓸 짓이라고 생각하면서도 한편으론 '기드온의 양털 기도'가 생각났어요. 기드온이 하나님께 이 일이 하나님의 뜻이라면 양털에만 이슬이 젖게 해 달라고 기도했잖아요? 그에 비하면 네잎클로버 정도는 껌이라고 협상을 했어요. 그리곤 질끈 감았던 눈을 확 떠 버렸죠. 온 천지가 풀밭이었어요. 토끼를 풀어놓았다면 아마 여기가 천국이라고 할 만큼 끝도 없이 클로버가 하늘의 구름처럼 펼쳐져 있었죠.

'오 마이 갓!!'
믿을 수 없었죠. 정말 제 눈앞에 딱!! 네잎클로버가 있는 겁니다. 럴수럴수 이럴 수가. 눈을 껌뻑거렸어요. 온 세상이 갑자기 정지한 듯했죠. 심장이 눈으로 튀어나올 것 같아 다시 눈을 질끈 감았어요.

"하나님! 일단 감사합니다!라고 이야기할게요. 그런데 말이죠…… 여기가 네잎클로버 군락지 일 수도 있잖아요? 제가… 하나님 사인을 잘못 받아들였을 수도 있잖아요. 그러니까, 한 번만…… 더 해 봅시다. 하…… 다시 말씀드리지만…… 이 결혼이 아니다 싶으시면…… 제가 눈을 떴을 때…… 네잎클로버를 한 번 더 보여주세요. 아셨죠? 자 갑니다."
의심 많은 저는 눈을 감고 제멋대로 뛰었어요. 혹시나 모를 네잎클로버 군락지를 완전히 벗어나야 할 것 같았거든요. 동서남북 어디로 뛰어도 나무 하나 없는 클로버 벌판이었어요. 얼마쯤 뛰었을까 생각할 겨를도 없이 급하게 멈춰 선 뒤, 눈을 번쩍 뜨고는 이번엔 왼쪽을 째려봤어요.
'오 마이 갓, 오 마이 갓!!'
네잎클로버가 고개를 꼿꼿이 들고 저를 정확히 노려보고 있더군요. 다리에 힘이 쭉 빠졌어요. 이거 실화냐? 미쳤다! 싶더군요.
"하나님 이거 정말 진짜죠? 그런데 아시죠? 한국 사람은 삼 세 판을 좋아하잖아요…. 진짜 이번이 마지막인데요…… 아…… 저도 알아요. 아…… 하지만 절대 하나님을 의심하는 건 아니에요. 그런데 아…… 저에게…… 아니 그냥 이번이 진짜 마지막이에요. 자 갑니다."

방향도 없이 어디론가 냅다 뛰다 그 자리에 우뚝 멈췄죠. 의심 많은 저는 이번엔 바로 눈을 뜨지 않고 180도 방향을 홱 틀어버렸어요. 오른발이 있던 자리엔 왼발이, 왼발이 있던 자리엔 오른발을 놓고는 눈을 번쩍 떴어요. 흙바닥이 보이지도 않을 만큼 잔디처럼 빽빽한 클로버 밭에서 '에이 설마……. 이번에도?' 싶었는데, 설마 하는 마음은 사람을 잡아 버렸습니다. 정확하게 표현하자면 제 눈이 닿는 곳에 그냥 네잎클로버가 떡하니 있더군요. 처음부터 거기서 절 기다린 것처럼, 찾은 게 아니라 그냥 눈앞에 네잎클로버가 있었어요.

'아니야. 그럴 리 없어. 하나님이 나에게 응답해 주신 거라고? 이런 식으로? 말도 안 돼. 우연일 거야. 아니…… 알고 보면 호주는 클로버

가 다 네 잎일지도 몰라.'

땅바닥을 기다시피 하며 네잎클로버를 찾아 나섰지만 아무리 둘러봐도 네잎클로버를 단 하나도 찾을 수 없었죠. 정확히 다 세 잎이었어요. 한국과 다른 점이 있다면 호주산이 좀 더 크다는 것뿐. 모든 것은 한국과 똑같았죠. 풀밭을 정신없이 뛰어다니는 한국 여자에게 버스 기사가 소리를 지르더군요.

"아 유 오케이?"
'노. 아 엠 낫 오케이.'
터덜터덜 버스에 올랐어요. 시드니로 돌아왔지만, 정신이 돌아온 건 한국에서 온 전화를 받고서였죠.

수화기 너머 다급한 목소리가 울렸어요.
"여보세요?"
"딸 언제 와?"
"엄마⋯⋯ 나 한국 가야 할까? 나⋯⋯ 여기서 세계여행 1년만⋯⋯ 다녀오면 안 될까?"
"딸아⋯⋯. 제발 너 그러지 말고 집에 와서 이야기하자."
아무런 소득 없는 이야기를 잠시 나눴고 서둘러 전화를 끊었죠. 며칠 뒤 아빠에게 메시지가 왔어요.
'딸, 엄마가 몹시 아파. 너 빨리 한국 와야겠다.'
짧지만 강력한 한 줄이었어요. 해피 뉴 이어 불꽃놀이가 시드니 하늘을 장식하기 3시간 전, 저는 한국행 비행기에 몸을 싣고 운명의 소용돌이로 날아갔어요.

거지꼴을 하고 공항에 나타난 저에게 엄마는 꾹꾹 눌러 서운함과 고마움을 표현했어요.
"딸아, 세계여행은 너 결혼하고 언제든 가. 그땐 반대하지 않을게."
엄마는 분명 편찮으셨을 테지만, 제가 집으로 돌아오자 언제 그랬냐는 듯 자리에서 일어나셨어요. 내 이럴 줄 알았다 싶은 마음이었지만 그렇다고 다시 비행기를 탈 순 없었죠. 언제 이 이야기를 해야 할까 적당한 기회를 노리던 저는 저녁으로 소고기를 먹고 하하 호호 즐거웠던 그날 밤 이때다 싶어 먹던 사과를 내려놓고 이야기를 시작했어요.
"엄마, 아빠…… 그런데 나, 이 결혼은 아닌 것 같아. 하나님이…… 나한테 결혼하지 말래."
4개의 눈동자가 드릴처럼 절 뚫을 기세로 쳐다보고 있었어요. 호주 벌판에서 있었던 일을 최대한 상세히 말씀드렸죠. 얼마의 시간이 흘렀을까, 묵묵히 듣고 계시던 아빠가 입을 여셨어요.
"하나님은…… 그런 분이 아니실 거다. 다시 한번 잘 생각해 봐."

저에겐 달리 항변할 힘이 없었어요. 왜냐면 아빠는 하나님께 사랑받는 목회자였으니까요. 십계명을 지켜야 한다는 마음도 컸어요. 네 부모를 공경하라는 하나님의 말씀에 순종해야 한다 싶더군요. 7년이나 만났는데 내 결정이 틀린 건 아닐 거란 생각도 들었죠. 네잎클로버 응답에 의심이 스멀스멀 피어올랐고 이윽고 결혼행진곡이 울려 퍼졌어요.

망했다, 내 인생

'앗… 망했다! 나 임신이야?'
14일간의 유럽 여행은 한마디로 극기 훈련이었어요. 사실 좀 더 정확히 이야기하면 신혼여행이 아니라 무슨 해병대 특수훈련이었어요. 유럽의 겨울은 한국의 겨울과는 비교가 안 되더군요. 뺨을 스치는 차가운 바람이 아니라 뼈를 때리는 음산한 바람이 시종일관 불어댔어요. 호텔 방에 설치된 라디에이터는 제 피부뿐만 아니라 마음마저 건조하게 만들어 버리더군요. 여행은 남편이랑 가는 게 아니라는 사실을 신혼여행 첫날! 정확히 깨달았어요.
엄청난 여행 가방을 다 풀어내기도 전에 저는 제 몸 안에 또 다른 생명체가 있음을 본능적으로 직감했어요. 병원엘 가도 너무 초기라 임신 여부를 알 수 없다는 대답과 함께 한 달 뒤 다시 오라 했지만, 직감적으로 임신을 확신했죠. 허니문 베이비라니 눈물이 왈칵 났어요.
"하나님! 꼭 이런 순간에! 이렇게! 아무 준비 없이! 임신하게 하셔야 했습니까? 정말 너무 하십니다."

11월에 생긴 허니문 베이비가 달갑지 않은 이유는 분명 있었어요. 해가 바뀌어 3월이면 초등학교에서 근무가 시작될 예정이었거든요. 2022년 지금의 상식으로는 임신으로 직장 내 차별을 쉽게 상상할 수 없겠지만, 2010년의 상황은 좀 달랐어요. 첫 출근을 한 직원이 몇 달 뒤에 출산휴가나 육아휴직을 쓰는 건 아무래도 눈치가 보이는 일이었으니까요. 감출 수 없는 부른 배를 안고 출근하는 상황도 불편하기는 마찬가지였죠. '저 몸으로 일을 어떻게 하겠어?' 하는 눈초리가 막연히 두려웠어요. 게다가 결혼 전 세워둔 인생 계획도 임신으로 한방에 물거품이 되었죠. 물론 언젠가 엄마가 될 거라는 계획은 있었지만, 건강한 몸을 만들고, 대출 없이 집을 사고 난 뒤, 아이를 가지고 싶었거든요. 불평이 마구 쏟아져 나오더군요.

가만있어도 땀이 비 오듯 떨어지는 한여름이었죠. 임신 덕에 체온은 무지막지하게 올라가고 배는 어찌나 부풀어 오르는지 쌍둥이냐는 질문도 꽤 받았어요. 순식간에 20kg이 훅 찌더군요. 서 있으면 제 발끝이 보이지 않아 양말을 혼자 신을 수도, 발톱을 깎는 것도 힘들었어요. 발은 또 어찌나 오동통해지는지 평소 230을 신던 저는 245를 신었죠. 정말 등잔 밑이 어둡다고 제 발이 보이지 않아 울퉁불퉁한 바닥에 발목을 접질려서 한의원을 2달이나 다녔다니까요.
모든 것이 순식간에 바뀌었어요. 생각지 못한 일일수록 자연스럽게 아무렇지 않게 벌어지더군요. 여자에서 아내가, 아내에서 엄마가 되는 시간이 채 한 달이 걸리지 않았기에 제정신이 아니었죠. 갑자기 제 처지가 너무 억울하더군요. 결혼 때문에 제 꿈을 접고 직장까지 바꾸었는데, 임신 때문에 일상까지 복잡해졌어요. 게다가 무엇 하나 진정 내가 원하는 일은 하나도 없었어요. 남편이 싫은 건 아니었어요. 좋은 사람이고 착한 사람이지만 뭔지 모를 불안감이 늘 저를 지배하고 있었죠.

산모에서 엄마가 되고 얼마 되지 않아 저에게 몹쓸 친구가 찾아왔어요. 침대 밖으로 발을 빼낼 수도 없는 상황이 이어졌고 온몸에 힘이 하나도 없었답니다. 우울증이라고 생각했지만, 그보다 더 심각한 짜증이 몰려왔어요. 쉽게 화가 났고 조그만 일도 그냥 넘어갈 수 없었죠. 급격히 살이 확 빠졌다가 더 급격한 속도로 살이 쪘어요. 얼굴과 눈과 목이 퉁퉁 부어올랐죠. 병원에서 검사해 보니 아뿔싸! 제 갑상선에 이상이 생겼기에 앞으로 평생, 매일 아침 호르몬 약을 먹어야 한다고 하더군요.

'인생 참 거지 같네!'

평생 호르몬제를 먹으며 살아야 한다는 것, 감정이 의지대로 제어되지 않는 현실, 많이 먹지 않아도 쉽게 살찌는 제 몸뚱이! 모든 게 불만 덩어리였어요. 호르몬 조절이 안 되니 조그마한 추위에도 이가 덜덜 떨리고 온몸이 후들거렸죠. 거칠어진 피부, 하염없이 빠지는 머리카락, 늘어난 뱃가죽, 배꼽까지 축 처진 할머니 가슴에 이어 호르몬까지, 하……. 그냥 제 인생은 엉망진창이었어요. 29살 겨울은 시베리아에서 맨발로 버티는 기분이었어요.

불행은 숨 고를 틈을 주지 않더군요. 출산 후, 우울증이나 호르몬제 복용 따위와는 비교도 안 되는 일이 터지더군요. 한 번, 두 번, 그리고 또 한 번. 폭죽놀이처럼 그렇게 팡! 팡! 팡! 터졌어요. 보일러 온도를 아무리 높여도 집안에 온기가 돌지 않았어요. 부부의 신뢰는 바닥을 내리쳤죠. 카페 테이블 위에 노트북을 올려놓고 화장실을 다녀와도 별일 없을 거란 믿음이 얼굴도 이름도 모르는 타인에겐 있었지만, 정작 집에선 통하지 않았어요. 한숨 때문에 심장이 배꼽으로 빠질 것 같았어요.

부부의 신뢰가 무너지는 일이 3번 연속으로 반복되자 이 상황을 헤쳐 나갈 자신이 없던 저는 결국 백기를 들었어요. 양가 부모님을 한자리에 모셔놓고 그동안의 사정을 말씀드렸죠. 갓 태어난 아이의 눈동자는 반짝였고 그 아이를 바라보는 모든 가족의 눈은 촉촉했어요. 눈이 존재하는 이유는 눈물의 통로일 뿐이었죠. 눈은 내 안의 슬픔을 몸 밖으로 실어 보낼 유일한 탈출구였어요. 길을 가다가도 밥을 먹다가도 엘리베이터 버튼을 누르다가도 눈물이 툭 떨어졌어요. 도대체 하나님은 어디 계시는지요? 아무리 불러도 대답이 없으시더군요. 아니 진짜 계시기는 한 건지요? 하….

빨래하기 좋은 날

빨래하기 참 좋은 날이었죠. 1시간만 널어 봐도 오븐에 구운 빵처럼 수건이 빳빳해질 것 같은 햇볕이 따사롭던 날, 미뤄둔 빨래를 표준코스에 맞춰 돌렸죠. '띠리 리 리 띠리 리리 띠리 리리리' 소리가 들리고 세탁기 문을 열고 옷가지를 꺼내 베란다로 향했어요. 남편의 셔츠와 제 스타킹이 엉켜 있었어요. 스타킹을 손빨래할 여유 따윈 없었어요. 엉킨 빨래를 풀어보려는데 후드득, 소나기 같은 무거운 눈물방울이 베란다의 차가운 타일 바닥으로 떨어졌어요. 눈물은 시도 때도 없이 스콜처럼 아무런 예고도 없이 왔다 가곤 했죠. 엉킨 빨래를 잡고서 우두커니 서서 창문 밖을 보는데 이런 생각이 들더군요.

'여기서 떨어지면…… 한 번에 죽겠지? 식물인간이 될까? 설마…… 18층이니까 깨끗하게 한 번에 갈 거야. 아이랑 나랑 같이 떨어지는 것보다…… 내가 먼저 아이를 떨어트리고 난 다음에…… 내가 뛰어내리는 게…… 나을까?'

아이랑 같이 떨어지면 제가 아이를 안고 떨어질 게 분명하니까요. 그러다 재수가 없으면 아이는 죽지 않고 평생 장애를 안고 살아야 할지도 모른다는 생각이 들더군요. 엄마 없이 사는 것보다 그냥 같이 저세상으로 가는 게 나을지도 모른다는 논리였죠. 생각의 속도가 얼마나 빠른지 상상 속 저는 벌써 신문과 뉴스에 등장하더군요.
'비정한 엄마, 3개월 아들과 동반자살'
그리고 얼마나 있었는지 기억나지 않아요. 다만 제 발걸음이 베란다 창문이 아니라 안방으로 향한 건, 아이의 우렁찬 울음소리 때문이었어요. 100일도 안 된 녀석이 울면서 말하는 거 같았어요.
'엄마 정신 차려요'

이후 베란다에 빨래를 널 수가 없었어요. 무슨 짓을 할지 몰라 두려웠어요. 뉴스의 주인공이 될 수 없어 서둘러 이사를 나왔고, 이산가족이 되었죠. 아이를 키울 자신이 없어 부모님께 아이를 맡기고 죽어라 일만 했어요. 돈을 벌지 않는 시간은 범죄를 저지르는 기분이었죠. 통장은 이미 바닥을 지나 마이너스였고 돈을 갚으라는 독촉장은 부부를 벼랑 끝에 세워두었죠. 장기를 팔아 이 모든 걸 정리할 수 있었다면 아마 그러고도 남았을 거예요.
사람들이 자살하는 이유가 무엇인지 알게 되었어요. 왜 사람들이 우울증에 걸리는지 눈이 풀리고 발을 끌며 사는지 이해가 되더군요. 표정을 감추기 위해 눈 화장이 짙어졌어요. 밝은 색 옷은 눈에 들어오지도 않았죠. 깊은 한숨을 애써 감추다가도 저도 모르게 연신 푹푹 한숨이 나왔어요. 봄이 와도 여름이 와도 계절이 바뀌어도 공기는 늘 한겨울이었어요. 남 생각을 할 틈이 없었죠. 누군가의 친절에는 의심부터 했고, 내 영역 안으로 심하게 가까워지는 걸 거부했어요. 코로나도 아니었지만 늘 적당한 거리감을 두고 지냈어요. 말을 섞고 싶지도 않았어요. 길을 가며 웃고 있는 사람들에게 따지고 싶었어요. 뭐가 그리 좋아 허허거리냐고? 당신은 어찌 그렇게 웃으며 살 수 있냐고 쫓아가서 시비를 걸고 싶었어요. 재미있는 드라마나 텔레비전 프로를 봐도 웃음 한 톨 생기지 않았어요. '저게 웃겨? 도대체 뭐가 우습다는 거야?' 무표정은 화가 난 사람 같았고, 애써 웃는 얼굴은 슬퍼 보였어요.

세상 모든 사람에게 질투가 났어요. 부모 잘 만나서 좋겠다. 남편 잘 만나서 좋겠다. 시댁 잘 살아 좋겠다. 애들 잘 키워 좋겠다. 체력 좋아 좋겠다. 피부 좋아 좋겠다. 주식 할 돈 있어 좋겠다. 차가 좋아 좋겠다. 능력 좋아 좋겠다. 옷이 예뻐 좋겠다. 눈이 커서 좋겠다. 아마 원시인이 제 옆에 나타났다면 코걸이까지 부러워했을지 몰라요. 게다가 얼마나 싹수도 없는지 부정의 여왕이었죠. 눈을 세로로 쭉 찢어 뭐 시비 걸 거 없나? 이런 마음으로 살았어요. 남에게 지적하고 따지고 불평을 일삼았죠. 마트 직원이랑 전화로 30분을 싸운 적도 있어요. 고작 3,300원 때문이었죠. 갑질할 상황이 되면 앞뒤 물불 가리지 않았어요. 한마디로 그냥 싸움닭이었고 쓰레기였죠. 마음 크기가 노란색

포스트잇 종잇장만 했어요. 벗어날 수 없을 것만 같은 우울의 우물에 갇혀 하늘을 올려다볼 힘도 없이 살았죠.

엘리베이터 없는 낡은 아파트에 월세를 내며 살았어요. 신혼살림으로 마련한 에어컨은 있는데 에어컨 설치비가 없어서 얼음을 아그작 아그작 씹으며 여름을 보냈죠. 아침부터 밤 11시까지 쉴 새 없이 일했어요. 저녁 사 먹을 돈도 없었죠. 아니 돈을 아껴야 해서 굶는 날이 많았어요. 가끔 편의점 행사 상품 1300원 김밥으로 저녁을 해결했어요. 그래도 김밥은 가성비가 괜찮은데 500원짜리 생수는 너무 비싼 거예요. 그래서 그냥 참았어요. 김밥 하나를 입 안에 넣고는 침을 모아 오래오래 씹어 삼켰어요. 돈을 아끼는 게 엄마인 내가 감당해야 한다고 생각했어요. 가난을 물려주고 싶진 않았거든요. 모두가 부러워하던 여자는 이제 세상에 없었죠. 세상을 어찌 살아가야 할지 막막하다 못해 무서웠어요. 티 내지 않으려고 주먹을 꼭 쥐고 24시간을 쪼개 일해도 답이 없더군요. 김밥 하나를 꼭꼭 씹어 삼키는 것조차 힘에 부치는 날이 있었어요. 갓길에 차를 주차하고 쪽잠을 자려는데 아무리 히터를 돌려도 발이 시렸어요. 코미디 영화를 봐도 실 웃음 하나 안 나오고 아무리 슬픈 영화를 봐도 눈물 한 방울 나지 않더군요. 바늘로 찔러도 피 한 방울 안 나왔을 겁니다. 딱한 여자가 되어갔어요.

견딜만한 고통만 주신다면서요

왜 이런 끔찍한 일들이 일어났을까? 하나님께 벌 받을 짓을 했나? 곰곰이 생각해 봤지만 아무리 생각해도 모르겠더군요. 최선을 다해 하나님을 원망했고 대들었죠. 악착같이 싸웠어요. 도대체 왜 저에게 이런 시련을 주시는 거냐고 수도 없이 욕했어요.

"하나님, 저 이딴 연단 필요 없어요. 견딜만한 고통만 주신다면서요. 저 지금 못 견디겠어요. 제가 뭘 그리 잘못했습니까? 도대체 저한테 이러시는 이유가 뭡니까? 저 이제껏 잘했잖아요! 제가 하나님한테 뭘 그리 나쁜 짓을 했다고 이러십니까? 하라는 대로 다 했잖아요. 십 대 때부터 주일 학교 선생에 성가대, 찬양단, 피아노 반주까지 다 했어요. 대학 가서 엠티 한 번 못 가 보구요. 본 교회 예배 한 번 빠진 적 없었어요. 하나님! 목회자 딸로 사는 게 어디 쉬운 줄 아세요? 아시잖아요. 시어머니 100명 모시는 것처럼 살았어요. 제가 뭘 그리 잘못했다고 이런 벌을 저에게 내리십니까? 저요? 연단 같은 거 필요 없습니다. 정금요? 아니요. 저는 그냥 이렇게 살래요. 정금같이 되고 싶지 않아요. 그러니 이제 그만해 주세요. 저는 그리 큰 사람이 못 됩니다. 그러니까 지금처럼 그냥 살게 해 주세요. 제가 불쌍하지도 않으십니까? 부모님 생각은 안 하십니까? 저 때문에 우리 부모님…… 어쩌실 건데요? 적당히란 건 당신에겐 없으십니까? 인정 많은 하나님은 개뿔. 정말 해도 해도 너무하십니다. 진짜!! 이건 아닙니다. 하나님!"

그렇게 온갖 욕을 해도 하나님은 아무 말씀이 없으셨어요. 제 풀이 꺾이길 기대하신 걸까요? 몇 년이 그렇게 흘렀어요. 시궁창의 쥐새끼 같은 몰골이었죠. 얼굴은 어두웠고 다크서클은 무릎까지 내려갔죠. 인생의 낙이라곤 통장 잔액이 늘어나는 것, 월세에서 벗어나는 것뿐이었죠. 이불을 둘둘 말아 주먹으로 내리치고 베개에 얼굴을 묻고 소리를 얼마나 질렀는지 몰라요. 한적한 길에 차를 대고 차 안에서 얼마나 울었는지 몰라요. 길을 가다가도 아무런 예고도 없이 눈물이 툭! 떨어졌어요. 마음이 무거우면 눈물도 무겁다는 사실을 그때 처음 알았죠. 눈물은 굵고 무겁고 컸어요.

누군가에게 이런 사실을 털어놓을 용기가 없었어요. 스스로 가엾다 여겼지만, 남에게 동정받고 싶진 않았어요. 자존심이 허락하지 않았죠. 모두에게 숨기고 아무렇지 않은 척 가슴 속에 칼을 꽂고 다녔어요. 그 칼이 저를 더 아프게 한다는 사실도 모른 채 그렇게 몇 년을 버텼어요. 모든 것이 가식적이었지만 모두를 위한 최선이라고 믿었죠.

그러다 깨달은 것이 제가 의지할 곳은 하나라는 사실이었습니다. 이 일을 시작하신 분이 끝을 낼 수 있었죠. 아무리 생각해도 저에게 일어난 일은 이성적으로 설명할 수 없는 마귀의 장난임이 분명했거든요. 사람이 할 수 있는 일이 아니었으니까요. 새벽기도에 가서 발버둥 쳤어요. 새벽 예배가 끝나고 불이 꺼져 서로를 알아볼 수 없는 5시 30분. 기도 시간이 되면 저는 자리를 잡고 살려달라고 애원하기 시작했어요. 한 가지 다행인 게 제가 방언을 할 수 있다는 것이었죠. 저도 이해할 수 없는 언어로 쉬지 않고 부르짖었습니다.

"하나님, 저 좀 살려 주세요. 제발! 저 좀 살려주세요. 이 딸 불쌍하게 봐 주세요. 저 정말 살려 주세요. 붙잡을 데가 아버지밖에 없어요. 저 좀 살려주세요."

이 기도문이 쉬지 않고 반복되니 이것도 힘들더군요. 나중엔 한 시간 동안 한 단어로 기도했어요. "아부지… 아부지… 아부지…." 사투리가 아니에요. 눈물과 콧물이 섞여 울음이 터지면 아버지는 아부지가 될 수밖에 없더군요. 아부지라고 부르짖는 게 제가 할 수 있는 전부였습니다.

새벽기도에서 그렇게 난동을 피워도 묵묵부답이시더군요. 안 그래도 미운데, 한마디 말씀도 없으시니 미워서 죽겠더군요. 그 순간, 잊고 있었던 일을 떠올리게 해 주셨어요. 중학교 시절이었어요. 전국 단위 연합 수련회였을 거예요. 열심히 기도하는데 강사 목사님께서 기도 응답

받고 싶은 사람은 앞으로 나오라고 하더군요. 무슨 용기였는지 배짱이었는지 몇 백 명이 보는 앞으로 걸어 나갔죠. 아무튼, 하나님께 무슨 얘기를 하고 싶냐 묻기에 이렇게 대답했어요.
"하나님은 제 기도에 응답해 주지 않으세요. 아무 말씀이 없으세요."
목사님이 제 머리에 손을 얹고 기도를 하시더군요. 그러더니 저에게
-여기서 잠시 짚고 넘어갈게요. 교회를 다니는 분인데 이런 이야기를 처음 들으셨나요? 축하드립니다. 상당히 젊으시네요. 제가 지금 말하면서도 살짝 이단처럼 느낄 수 있지 않을까 싶지만, 90년대 교회 문화라고 생각하시면 될 거예요. 오해 없으시길 바라면서 이야기 계속 이어갈게요- 아무튼 목사님은 이렇게 말씀해 주셨어요.
"하나님은 당신의 기도는 늘 듣고 계시고, 응답도 해 주시지만, 당신의 마음이 어두워 하나님의 음성을 들을 수 없는 것뿐입니다."
'내 능력이 부족해서 못 듣는 거였어? 아니 하나님, 이왕 말씀하실 거 또박또박 친절하게 한국말로 하시지, 하나님 나라 말씀으로 하니까 제가 못 알아듣는 거 아닙니까?' 생각했어요. 그런데 또 그건 아닌 거 같았죠. 그렇게 어영부영 화장실에 들어갔다가 화장지가 모자라 뭔가 엉성하게 지나간 중학생 시절을 강제 소환하게 되었죠.
무릎을 '탁' 쳤습니다. 그때랑 지금이랑 별다를 게 없구나. 그때도 하나님은 나에게 응답하셨고 지금도 하시지만 내가 못 알아듣는 것뿐이겠구나. 나에게 하시는 말씀을 찾으려 하지 말고 하나님이 먼저 하신 말씀이라도 붙잡아 보자. 뭐라도 건지겠지! 라는 마음으로 성경을 읽

기 시작했습니다. 그러면서 대학 시절이 떠오르더군요. 아차차! 내가 왜 이걸 잊고 있었지? 그땐 미처 몰랐습니다. 이 모든 게 하나님의 응답이란 사실을 말이죠.

납작 엎드리고 살게요

네잎클로버 같은 사건은 그 뒤로 다신 일어나지 않았지만, 하나님과 제 사이가 말도 못 하게 가까워졌어요. 점잖은 부녀관계가 아니라 볼 꼴 못 볼 꼴 다 본 사이가 되어버렸죠. 진짜 부모보다 더 가까워졌다고나 할까요. 누군가에게 이 정도로 의지할 수 있을까 싶더군요. 생각만 해도 감동이 되고 위로가 돼 심장이 따뜻해지고 눈시울이 촉촉해지더군요. 감사하는 마음이 충만해지고 마음이 이렇게 평온할 수 없답니다. 화 날일도 딱히 없고요. 놀랍게도 평생 먹어야 한다던 약도 자연스레 끊어주셨어요. 저는 지금이 제일 예뻐요. 매일 기쁘고 즐거우니 표정이 더 편안해지면서 예뻐지는 기분이에요. 하는 일마다 잘 되고 통장에는 돈이 쌓이죠. 집도 사고 차도 사고 당장 일을 안 해도 몇 년은 괜찮을 만큼의 여유도 생겼죠. 하나님이 주신 소명도 발견하게 되죠. 살맛 넘치는 인생입니다.

그 일이 터지지 않았더라면 치맛바람 꽤나 날리는, 아이에게 집착하는 거머리 같은 엄마가 되었을 겁니다. 결혼 당시 제 꿈이자 삶의 목표는 아들의 교육이었거든요. 물질에 대한 집착과 돈을 숭배하는 마음, 약자를 은연중에 무시하는 태도까지, 영락없이 허영덩어리이자 밥맛에 갑질하는 정신 빠진 아줌마가 됐을 거예요. 물론 지금은 그 모든 게 다 부질없다는 것을 확실히 깨달았어요. 나 혼자 잘 먹고 잘 살겠다는 마음이 사라졌지요. 네 몸과 같이 이웃을 사랑하라는 하나님의 말씀이 무슨 뜻인지 알 것 같거든요. 10년의 연단이 제 인생에서 가장 의미 있고 소중한 순간임을 고백합니다. 모든 일은 하나님의 계획하심과 인도하심이었고 아버지의 뜻을 이루기에 꼭 필요한 사건임을 이제는 너무나 잘 알고 있습니다.

매 순간 기적처럼 설레는 일이 벌어져요. 사람을 통해 일하시는 하나님의 음성을 매일 듣는 기분이랄까요? 힘들고 지칠 때면 누군가 저를 위해 기도해 주시겠다고 합니다. 장 볼 시간도 없어 냉장고가 텅텅 비어있는 걸 어찌 아셨는지 손수 만든 음식으로 냉장고를 가득 채워주는 분들도 있어요. 사업을 해 나가는 상황에서도 도움을 주시는 분들이 동에 번쩍 서에 번쩍하고 나타나요. 12년 전 만난 3장의 네잎클로버도 기적이었지만 지금 일어나는 일들도 그에 못지않은 기적입니다. 왜냐면 제가 누리는 이 모든 것 중에 제가 한 건 아무것도 없으니까요.

경제적으로 어려움을 벗어나 풍족한 삶을 살게 되면서 문득 어린 시절의 기도 제목이 문득 떠오르더군요. 목회자 집안에서 자라면서 돈 때문에 힘든 적은 없었지만 그건 우리 집이 넉넉해서가 아니라 아버지의 소박함과 어머님의 절제력 덕분이었죠. 13살 소녀의 기도 제목은 물질의 축복이었어요.

"하나님, 저 십일조 많이 하게 해 주세요. 물질의 축복을 주세요. 축복의 통로가 되게 해 주세요. 저 부자 되게 해 주세요. 물질의 축복을 받게 해 주시면 제가 목회자들을 위해 잘 쓸게요. 어려운 이웃들을 위해 지혜롭게 사용하겠습니다. 하나님! 저 십일조 말고 십구조도 거뜬히 하는 사람 되게 해주세요. 하나님이 선택하신 부자가 되고 싶습니다. 꼭 좀 도와주세요."

재정이 안정되면서 소녀의 기도가 정말 이루어지는구나 싶은 마음에 반갑기도 하고 무섭기도 했어요. 하나님은 제 말을 한순간도 허투루 듣지 않으셨고 다 기록해 두고 계시는구나 싶었거든요. 동시에, '아이고 진짜 십구조를 해야 하는 거 아니야?' 하는 마음의 졸림도 생기더군요. 참 인간이란 이렇게 간사하구나 싶었어요. 하나님이 내 기도를 들어주셨구나. 앞으로도 들어주시겠구나! 확신이 들면서 다시 고민에 빠집니다.

부자란 무엇일까? 라는 질문부터 시작했어요.
처음에는 별생각 없이 무조건 돈이 많으면 부자라고 생각했지만, 제가 원하는 부자는 돈 돈 돈 하는 사람은 아니더라고요. 부자가 천국에 가질 못한다고 이야기하는 까닭도, 부자일수록 돈의 노예가 될 수 있기 때문이란 것도 알게 되었죠. 우상숭배를 하지 말라고 하셨는데 돈이 바로 마귀가 만들어 놓은 현대판 우상이더군요. 고민 끝에 제가 내린 부자의 정의는 하나님 안에서 이웃사랑을 하는 데 부족함 없는 물질과 시간과 에너지를 가지고 있는 사람입니다. 하나님이 기뻐하시는 일을 하는 데 돈과 시간과 에너지의 부족함이 없는 것이 진짜 부자죠. 그 기준에서 보면 저는 이미 부자입니다. 돈과 시간과 에너지를 어디에 써야 할지 스스로 결정할 수 있기 때문이죠. 누구의 눈치나 명령을 받지 않아도 되니까요. 제가 눈치 볼 분은 단 한 분, 하나님뿐이세요. 무엇보다 진정한 부자가 누리는 특권이 있는데요. 바로 하나님이 주시는 평안함입니다. 하나님이 주신 평안함 속에서 이웃사랑을 실천하는 데 부족함 없는 사람이 되고 싶었습니다. 평안함과 물질의 축복 이 두 마리 토끼를 다 잡고 싶어요. 둘 중 하나로는 충분치 않더군요. 제가 정한 부자의 정의를 매번 길게 할 수 없으니 앞으로는 간단히 '하나님 부자'라고 이야기할게요.

하나님 부자
1. 하나님 주시는 평온함이 삶 전체에 있다.
2. 이웃사랑 실천할 돈과 시간과 에너지가 충분하다.

마음의 부자, 시간의 부자, 물질의 부자, 관계의 부자가 되는 것 생각만 해도 멋지지 않나요? 그 길을 뚜벅뚜벅 걸어갑니다. 룰루랄라 콧노래가 자동으로 나와요. 가끔 거울 앞에서 제 어깨를 툭툭 치면서 저 자신에게 이렇게 말해요.

"야! 너 하나님 사랑 이렇게 넘치게 받아도 돼? 이 축복 계속 받고 싶으면 납작 엎드려라. 알겠지?"

이 책을 쓰기까지 많은 용기가 필요했어요. 왜냐하면 저는 아직 미성숙한 인간이니까요. 하지만 제가 겪은 일들을 이야기하지 않고서는 당신에게 진정성 있게 다가갈 수 없다고 생각했어요. 그래서 용기를 내어 제 아픔을 당신에게 펼칩니다. 아픔 없는 성장은 없더군요. 클라이맥스 없는 해피엔딩은 심심하고 지루할 뿐이죠. 눈물 자국 없는 조언은 아랫집에서 올라오는 고등어 굽는 냄새에 불과하니까요. 아이가 좀 더 큰 뒤에 책을 내는 건 어떨까도 심각하게 고민했는데 이 마음이 마귀가 주는 마음이란 걸 알아차렸습니다. 10년이 지나 이 책이 나오면 당신과 제 사이 간극이 생길까 걱정되더군요. 어제의 기억이 다 사라지기 전에, 어른스러운 신앙을 가지기 전에 이 책을 쓰는 게 맞다고 판단했어요. 그러니 다음 장을 넘기시면서 종종 만날 제 부족함을 여러분의 너그러운 마음으로 잘 품어 주시기를 부탁드릴게요.

당신을 사랑하기에 주지 않으십니다

하나님은 분명 '하나님 부자'를 선택하십니다. 어떤 기준과 조건으로 고르실까요? 저도 몰라요. 무슨 소리냐고요? 하하하! 제가 뭐라고 하나님 마음을 알겠어요? 어림도 없죠. 하지만 부모가 되고 나니 새로운 것들이 깨달아지더군요.

아이를 보면 특별한 이유 없이 행복합니다. 제일 좋을 때는 아이가 자고 있을 때예요. 왜 그럴까요? 밥 달라고, 씻겨 달라고, 똥 닦아 달라고, 놀아달라고, 놀이터에 가자고, 심심하다 떼쓰지 않아서라고 생각했죠. 아이가 잠든 시간이 훨씬 자유롭고 편해서라고 여겼어요. 그런데 그게 아니더라고요. 잠자는 아들을 가만히 들여다보면 정말 천사 같아요. 표정이 어찌나 맑은지 아무 걱정 없는 녀석을 보면 그저 행복해지더군요. 행복한 아이의 모습을 보는 것이 부모가 가장 행복한 순간이 아닐까요?

하나님 마음도 그렇지 않을까 감히 상상해 봅니다. 우리가 행복하게 사는 게 아버지의 뜻 아닐까요? 보시기에 좋았더라 라며 세상을 창조

하시고 우리를 만드셨잖아요. 보시기에 좋은 '행복한 우리'가 되는 게 아버지 마음은 아닐까 싶어요. 하나님의 마음으로 바라봅니다.

"하나님! 저, 지금 아버지 보시기에 좋으신지요?"

이 단순한 깨달음을 얻고 난 뒤, 늘 하나님의 마음으로 저를 되돌아보기 시작했습니다. 하나님은 나를 돌보지 않으신다고 믿었던 순간이 지나고 하나님은 언제나 나를 돌보시고 아버지 보시기에 좋았더라 미소 짓고 싶으시다는 걸 알고 나니, 모든 것이 단순해지더군요. 자신에게 이런 질문을 던졌습니다.

너는 부자가 되면, 하나님 안에서 행복할 수 있어?

이 질문에 사람들은 100% 예스라 하겠지만, 제 생각은 다릅니다. 부자가 되면 가난할 때보단 확률적으로 행복해질 순 있지만, 하나님 안에서 행복한 부자가 되는 일은, 글쎄요……, 자기 입장만 생각하지 말고 하나님 입장도 한번 생각해 보자고요. 부자가 되면 유혹도 많고 걱정거리도 많아지고 잘못된 길로 쉽게 빠질 수도 있습니다. 절대 그러지 않을 거라 호언장담하는 소리가 들리지만, 과연 그럴까요? 돈이 많아질수록 하나님과 멀어질 수 있는 확률도 높아지더군요. 하나님 믿고 담대한 게 아니라 돈을 믿게 됩니다. 세상의 것들과 자연스럽게 타협하게 되죠. 남 생각할 겨를 없이 자신의 이익에만 더 집착하니다. 스스로 잘났다고 여기면서 겸손은 찾아볼 수 없죠. 무엇보다 자기도 모르게 돈을 우상으로 만들고 최고 자리에 앉혀버리기 쉽습니다. 부의 축복을 받고도 하나님을 떠나지 않고 하나님 안에서 행복할 수 있다는 것을 하나님께 증명해 보이셔야 합니다. 많은 테스트가 있을 거예요. 하나님은 당신이 부자가 되어도 당신을 떠나거나 배신하지 않고 아버지 품 안에서 행복할 수 있으리란 확신이 설 때, 비로소 당신을 부자로 만들어 주실 거예요. 물론 하나님 부자가 되어도 한순간에 모든 걸 뺏어 가실 수도 있어요. 왜 그럴까요? 그 부가 그 사람을 행복하게 하지 못하기 때문입니다. 간단하게 생각하면 답은 쉽습니다. 복잡하게 생각하지 마세요. 하나님이 원하시는 건 자녀인 우리가 하나님 안에서 기뻐하는 겁니다. 당신을 기쁘게 하지 못할 것을 아버지는 절대 주지 않으십니다. 그게 부모 마음이니까요.

그렇다면 하나님 보시기에 좋았더라고 말씀하실만한, 하나님 취향이 어떠한지 궁금하지 않으세요? 반대로 하나님이 끔찍하게 싫어하시는 게 무엇인지 알고 싶으시죠? 하나님 안에서 행복하게 사는 게 어떤 건지 알아야 하지 않겠습니까?
하나님의 정답은 변하지 않으십니다. 왜냐면 하나님은 변치 않으실 분이시니까요. 당신이 행복해지는 방법! 즉 하나님을 기쁘시게 할 방법! 일상이 설렘의 연속이 되는 방법! 당신이 찾고자 하는 모든 정답은 이미 당신이 가지고 있습니다. 다들 성경책 한 권쯤은 있으시잖아요.

이것만 해도 인생 대박 납니다.

대학시절 공부를 좀 해야겠다 싶어 도서관으로 매일 출근 도장을 찍는데, 이상한 광경을 목격했어요. 학생들이 아침마다 열람실에서 성경을 읽는 겁니다. 두꺼운 수험서와 전공서 사이로 성경책이 심심치 않게 꽂혀있더군요. 기독교 대학이 아니기에 더더욱 '참 희한하네' 하고 무심코 넘겼는데 어느 날부터 성경책이 또렷이 보이기 시작하더니 이런 마음이 생기더군요.
'음,, 나도 크리스천인데 성경 좀 읽어야겠어. 말씀과 너무 멀리 떨어져 살았네.'
영어책을 펴기 전 성경을 먼저 폈습니다. 딱히 목표를 정하거나 매일 정해진 시간만큼 열심히 읽진 않았어요. 도서관에 앉자마자 먼저 성경을 읽고, 공부가 잘 안되면 무심하게 성경을 읽었죠. 그런데 여기서 놀라운 일이 벌어집니다. 그 학기에 제가 전액 장학금을 받게 된 거죠. 깜짝 놀랐습니다. 1등을 할 정도로 그렇게 똑똑한 사람은 아니었거든요. 영문학이 전공이었지만 전공 수업은 실용학문이 아니라서 재미가 없었어요. 영문학을 잘한다고 취업이 잘 되는 것도 아니고 회화 실력이 늘어나는 것도 아니었으니까요. 사실 도서관에서도 전공은 무시하고 제가 좋아하는 공부만 했습니다. 영어 실력을 높일 수는 있지만, 중간·기말고사와는 전혀 관계없는 공부였죠. 물론 시험 기간에는 당연히 시험공부에 목숨을 걸긴 했지만, 영문학과는 여학생들이 하나같이 기를 쓰고 열심히 공부하는 과거든요. 올 A+의 1등은 풀리지 않는 미스터리 같았죠. 지금도 그때를 생각하면 온몸에 소름이 돋을 지경이랍니다. 원인이 뭘까 분석했어요. 답이 딱 나오더군요. 바로 성경 읽기였습니다.

성경 읽으면 전액 장학금 받아요!라고 이야기하는 게 아닙니다. 하나님은 제가 예쁘다고 생각하셨나 봐요. 그리고 대견하다고 칭찬하고 응원도 하고 싶으셨을 거예요. 그래서 저에게 장학금을 주신 거죠.
'아! 이건 내가 한 일이 아니구나. 이건 하나님이 하신 일이구나.'
완벽한 깨달음이 왔어요. 그때 확신했죠. 아! 하나님은 나와 친해지고 싶으시구나. 내가 하나님과 더 가까이하는 삶을 진정 원하시는구나. 동시에 하나님 마음에 드는 사람이 되면, 내가 참 많은 것을 가질 수 있겠구나 하는 아이 같은 계산도 생기더라고요. 제 신앙이 딱 그 정도였어요. 물론 지금도 별반 다르지 않지만요. 그때와 조금 달라진 게 있다면 원하는 걸 갖기 위한 목적이 아니라 그저 하나님을 기쁘시게 하고 싶은 마음이 먼저라는 것 정도입니다.

다음 학기는 어떻게 되었을까요? 목표를 세웠습니다. 1학기엔 전공 시험에 최선을 다하지 않았음에도 성경을 읽기만 했는데 전액 장학생이 되었으니 2학기엔 더 쉬울 거로 생각했어요. 의기양양해진 저는 매일 도서관에서 열심히 성경을 읽고 전공에 매진했어요. 욕심이 있었거든요. 가능성이 보였습니다. 결과는 어떠했을까요? 믿었던 과목에서 A를 받으며 장학금을 놓쳤습니다. 영어 실력이 중요한 과목이어서 A+는 가볍게 받을 수 있을 거라 생각했는데, 어이없게 A였어요. 결과를 받아들일 수 없어 교수님께 연락드렸지만, 성적은 바뀌지 않았죠.
'도대체 왜 이런 일이 일어났을까? 내가 뭘 놓친 걸까?'
시험 점수는 만점이었고 출석 점수도 당연히 좋았어요. 그런데 저는 교만했습니다. 나이 드신 교수님을 사실 제 발밑으로 여긴 불손한 태도를 발견했거든요.
'교수님보다 내가 더 발음이 좋은데…. 정교수가 아니라 강사 교수님이라 그런 거지…. 뭐'
이런 잘못된 생각을 가지고 교수님을 무시한 태도가 문제였어요. 티를 내지 않으려 했겠지만 분명 그분은 느끼셨을 겁니다. 자기 성찰과 반성의 시간을 가졌지만 사실 억울함도 컸어요.
'하나님 저 열심히 했잖아요. 1학기보다 성경도 더 열심히 읽었고 공부도 더 열심히 했어요. 노력했다고요. 그런데 왜 저에게 장학금을 안 주십니까? 물론 제가 교만한 건 알겠어요. 그런 태도를 보인 건 잘못이라고요. 그래도 좀 봐 주시지 그랬습니까?' 따졌죠. 하나님은 한참

후에 이렇게 답하시더군요.
'이번에도 전액 장학생이 되면 내가 한 게 아니라, 네가 한 것이 되지 않겠느냐?'
그랬습니다. 만약 이번에도 일등을 하면 제 코는 아마 하늘을 찔렀을 겁니다. 제가 한 일이라고 생각했겠죠. 내가 똑똑해서, 내가 열심히 공부해서, 내가 노력해서 만든 결과라고요.
1학기 전액 장학금은 제가 한 게 아닙니다. 저는 딱히 노력하지 않았어요. 하나님은 성경을 읽는 제 모습이 그저 보시기에 좋고 기쁘셔서 보너스를 주신 것뿐이라는 사실을 고백합니다. 그러면서 한 가지를 정확히 이해합니다.

'아! 내가 하나님을 웃게 해 드리면, 하나님은 날 깔깔거리게 해 주실 분이구나'

그런데도 사람은 참 바보 멍청이입니다. 뭔가를 깨닫는다 하더라도 금방 잊어버리곤 하죠. 저도 마찬가지였습니다. 이렇게 멋진 경험을 했음에도 불구하고, 성경과 자연스레 멀어졌어요. 물론 여전히 전공 책 사이엔 성경이 꽂혀있었지만, 열심히 사는 20대에겐 성경은 먼지만 쌓여가는 사전 같은 존재가 되더군요. 하나님은 그런 저를 묵묵히 기다려 주시다가 깜짝 이벤트를 주셨어요.

내 계획 따위는 쓸모가 없어

베란다 사건 이후에도 끊임없이 내가 꼭 살아야 하나 고민에 빠져 있을 때, 이 꼴을 보다보다 못한 하나님은 입을 여셨습니다.
'딸아, 그래서 내가 너에게,,, 아이를 주지 않았느냐.'
눈이 번쩍 뜨이더군요. 하나님은 저에게 이런 일이 일어날 걸 다 알고 계셨겠지요. 그래서 저에게 네잎클로버를 3번이나 보여주셨는데 제가 무시했죠. 아이를 갖게 해 달라고 매일 기도하는 집도 천지인데 왜 하필 필요도 없는 허니문 베이비를 저한테 보내셨느냐고 그렇게 원망했는데, 알고 보니 절 힘들게 하시려는 게 아니라 절 살리려고 아이를 주신 거였어요. 하나님은 늘 내게 한없이 따뜻한 아버지였구나. 지지리도 멍청해서 나만 그걸 몰랐구나. 다리가 반으로 탁 접히면서 무릎이 꿇어지더군요. 아버지 잘못했어요! 아버지 용서해 주세요! 아부지……. 회개가 쏟아져 나왔습니다.

제가 살아야 할 이유는 분명했습니다. 아이였죠. 진심으로 고백하건대 그때 아이가 태어나지 않았더라면 저는 분명 18층에서 뛰어내렸을 겁니다. 앞뒤 돌아볼 상황이 아니었으니까요. '하나님은 다 계획이 있으시구나. 허니문 베이비가 없었더라면 저는 세상에 없을지도 몰라요. 하나님의 철저한 계획에 따라 저는 살 뿐이군요. 제가 반항해 봤자 아무런 소용이 없겠군요. 어차피 내 뜻과 내 계획 따위는 아무 쓸모가 없군요.'
정신이 번쩍 들었습니다. '이 삶에서 내가 할 수 있는 게 없구나. 이제라도 하나님께 잘 보여야 그나마 살겠구나. 그렇다면 이제부터 뭘 해야 할까?'

당시 저는 정말 미친 듯 책을 읽었습니다. 손에 잡히는 대로 읽었죠. 책이 좋아서 읽었다기보다는 살려고 읽었어요. 아이를 잘 키우는 방법이 뭔지 알아야 했거든요. 물론 결혼 전부터 아이들을 가르쳤기에 나름의 교육철학은 있었지만 모든 걸 다시 생각해야 했어요. 맘 편히 아이만 키울 수 있는 상황이 아니었으니까요. 아이와 내 노후를 해결하기 위해 돈이 필요했기에 재테크와 부동산도 책으로 공부했어요. 의미 없는 수다를 떨거나 무료하게 시간 보내는 것을 견딜 수 없어 책 속으로 저를 몰아넣었습니다. 그래야 외롭지 않았거든요. 그렇게 무식하게 책을 파던 중 문득 이런 생각이 들었습니다.
'세상에서…… 가장 많이 팔린 책은 성경이잖아?'

성공하려면 성공한 사람의 책을 읽고 그 사람의 생각과 행동을 따라 하라고 하잖아요. 소크라테스나 워렌 버핏을 만날 방법은 책밖에 없으니 맞는 말이죠. 그런데 제가 놓친 게 하나 있더라고요. '소크라테스? 워렌 버핏? 그래 봤자. 둘 다 사람이잖아!' 지혜로운 사람들의 책을 깎아내리는 게 아닙니다. 우선순위가 잘 못 됐다는 거죠.

세상의 책보다 더 지혜로운 책은 성경입니다. 베스트셀러이자 스테디셀러죠. 어떤 책과도 비교할 수 없는 최고의 책이 성경인데도 이를 무시했어요. 바보 천치 같은 생각이었죠. 대학 시절 전액 장학금 사건이 떠오르더군요. 아차! 중요한 걸 놓치고 있었구나! 반성이 되더군요. 그길로 성경을 무작정 읽어나갔습니다. 오랜만에 다시 잡은 성경은 진도가 안 나갑니다. 무슨 말인지 도통 이해가 안 됩니다. 답답했지만 그냥 무작정 읽어나갔습니다. 소크라테스가 하는 말도 이해 못 하는 주제에 성경을 다 이해하려는 욕심은 어디서 나온 교만일까요.

'나에게 이런 일을 겪게 하신 하나님은 도대체 무슨 마음일까? 왜 그러실까?'

마음을 독하게 먹고 완독하는데 6개월이 넘게 걸리더군요. 그런데 읽으면 읽을수록 갑갑하고 짜증이 났습니다. 허무해지더군요. 지혜로운 성경을 읽었지만 제가 지혜로워지기는커녕 세상에서 가장 멍청한 사람이 되는 것 같았어요. 그래서 내친김에 한 번 더! 읽었습니다. 시간이 조금 짧아지더군요. 그러고는 에라 모르겠다 싶어 한 번 더! 읽었습니다. 그 해, 저는 3독을 했죠. 하하하. 자랑하는 거 맞습니다. 일년에 3독이 얼마나 힘든 일인 줄 아십니까? 그때는 성경 읽기 앱도 없었거든요. 제가 백수도 아니고 읽어도 이해가 안 되는 그 두꺼운 성경을 매일 보는 건 쉽지 않았습니다. 눈도 아프고 어깨도 내려앉을 것 같고 허리도 머리도 지끈지끈했지요. 하지만 당시 제가 할 수 있는 게 성경 읽기가 전부였습니다. 지혜로운 사람이 되고 싶다는 간절한 마음, 하나님과 더 가까이 있어야겠다는 마음을 증명할 길이 성경 읽기밖에 없었거든요. 하나님께 내 시간과 내 에너지를 보여주는 것이 내가 당신을 철저히 의지하고 있음을 증명하는 길이라 생각했습니다. 마침내……, 하나님은 응답하셨습니다.

성경 일독을 하고 나면 하늘에서 택배가 옵니다. 그때마다 다르지만 그게 분명 하나님이 보내신 거란 걸 직감적으로 느낍니다. 입에서 자동발사가 터집니다.
"와우! 어메이징! 하나님 땡큐 베리 감사, 아리가또, 씨에씨에. 멜치보끄,"
극적인 일이 매일 일어나는 건 아니었지만 성경을 읽고는 일이 잘 되기 시작했어요. 뭔가 이해할 수 없는 일이 일어났습니다. 딱히 뭔가 내가 노력하지 않았지만 좋은 일이 일어나더군요. 이게 포인트입니다. 제가 뭔가 계획하고 열심히 준비한 게 아닌데도 자연스럽게 흘러갔습니다. 때론 정말 말도 안 되는 일들로 선물을 주시기도 하시더군요.

'아…. 하나님이 원하시는 게 이거였군요. 제가 한다고 생각하는 일들이, 사실 제가 하는 게 아니군요. 하나님이 하시는 일이라는 걸 제가 고백하고 깨닫길 원하셨군요. 저는…… 진짜 아무것도 아닙니다. 하나님! 앞으로도 잘 부탁드리겠습니다.'

당신을 위해 개그맨이 될게요

그해 이후, 매년 1월 1일이 되면 일독을 목표로 성경 읽기를 시작했습니다. 목표 달성을 위해 우선순위를 정확히 잡습니다. 세상의 책과는 잠시 이별했어요. 양다리를 걸치지 않고 확실한 노선을 잡았습니다.
'하나님! 제가 올해 성경 일독 전까지는 세상 책은 표지도 보지 않겠습니다.'
일반 책을 보지 않겠다는 건 책벌레인 제게는 쉽지 않은 목표였어요. 프로 운동선수가 1~2달 운동을 아예 하지 않겠다는 것과 마찬가지였죠. 작가인 저는 예비 작가들의 책 기획에도 신경을 써야 해 매일 밤 인터넷으로 신간 조사 및 인기도서 분석, 책 커버 디자인 등 책과 관련된 정보를 찾는 보는 게 취미이자 특기였으니까요. 참새가 방앗간 그냥 못 지나가듯 도서관도 저에겐 그런 존재였지만 인터넷 서점도 도서관도 모두 발길을 딱 끊었습니다.
처음 새해맞이 일독은 3달 정도가 걸렸어요. 석 달 동안은 오로지 성경만 읽었습니다. 그러다 또 마음이 어렵고 힘들면 슬그머니 2독을 했어요. 당연히 성경을 다 이해하고 넘어가지 못합니다. 시간과 에너지를 하나님께 드렸고 지혜와 사랑을 받았을 뿐입니다.

매년 일독을 진행하면서 읽는 시간이 줄어들기 시작했습니다. 다음 해는 두 달, 그다음 해는 한 달, 또 다음 해는 20일 정도가 걸리더군요. 아니, 성경이 무슨 애들 장난도 아니고 어떻게 그렇게 빨리 읽느냐 하실 텐데요. 일단, 일하는 시간을 제외하고 먹고 자고 싸는 일을 빼고는 성경에 다 쏟았어요. 사실 먹고 자는 시간도 줄였습니다. 사람을 만나는 일도 텔레비전이나 인터넷을 하는 시간도 없었어요. 그냥 무작정 성경만 읽었습니다. 머리 감고 말리는 시간이 아까워 3일을 버티며 성경만 읽은 적도 있어요. 정말 거지꼴을 하고도 무작정 읽었습니다. 읽기만 하니 눈이 너무 아파 성경 앱을 깔고 말씀 듣기와 병행했지요. 조금이라도 짬 시간이 있으면 무조건 성경을 들여다봤습니다. 잠을 자기 전에도 성경을 들었고, 눈을 뜨자마자 다시 성경 앱을 켰습니다. 그게 뭐 성경을 읽었다고 할 수 있냐? 집중이 되냐? 하실 수도 있지요. 제 대답은 그렇다고 할 수도 있고, 아니라고 할 수도 없는 문젭니다. 그저 1년의 첫 시작을 성경 읽기로 시간과 에너지를 바치면서 하나님께 제 마음을 표현했다고만 이야기할게요.

깨달은 점이 있다면 하나님은 이런 저를 어여쁘게 봐 주셨어요. 욕심이 났어요. 하나님은 성경 읽는 나를 좋아하시는구나. 그럼 어떻게 하면 더 귀염을 받을 수 있을까? 좋은 생각이 나더군요. 크리스마스가 지나고 지인들에게 연락했어요.

"매년 1월 1일, 성경 일독을 목표로 시작하는데요. 진짜 좋아요. 딱 한 달만 할 건데 같이해 보지 않으실래요?"

그럴 시간이 없다고 바쁘다고 하시는 분도 계시고 흔쾌히 함께하시는 분도 생겼어요. 저도 함께하는 분들 덕분에 더 열심히 읽게 되니 시간이 더 줄어들었습니다. 물론 그 전에 읽던 경험이 있어 시간 단축이 가능한 것도 있겠지요. 그렇게 하나님께 마일리지를 쌓아나갔습니다. 마일리지를 쌓는다는 표현은 저랑 하나님 사이의 신호 같은 건데요. 제가 귀엽고 사랑받을 행동을 하면 싱긋 웃으며 하늘을 쳐다보며 하나님께 이렇게 이야기해요.

"하나님 저 잘했죠? 칭찬의 의미로…, 일 포인트 추가! 해 주세요."

참 6살 같죠? 그런데 생각해보면 하나님 연세는 뭐, 상상 불가한 연세이니까 마흔한 살인 제 나이는 뭐 6일 된 아기 수준 아닐까요. 그렇게 하나님께 제 스타일대로 애교를 부려 봅니다. 아버지잖아요. 나쁜 짓만 안 하면 다 이해해 주시는 아버지 최고!! 입니다. 보셨죠? 저 예쁘죠? 막 이럽니다. 성격이냐고요? 음…. 참고로 아빠에겐 이러지 못합니다. 오직 아버지한테만 이러는 거로 정리하겠습니다. 아버지가 두 분이라 호칭 정리를 하자면 이제부터 아빠는 절 낳아주신 분으로, 아버지는 하나님으로 통일하겠습니다.

성경 읽기 방은 1월 한 달 동안 운영하는데 방법은 아주 간단해요. 각자가 1월 한 달 동안 목표로 읽을 분량을 정합니다. 제 목표는 일독이지만, 누군가는 창세기가 될 수도 있고 누군가는 시편, 누군가는 잠언 3독을 계획하기도 하죠. 매일 성경을 읽고 얼마큼 읽었는지 단톡방에 올리기만 하면 됩니다. 가끔 말씀을 올리기도 하고 깨닫는 마음을 올리기도 하지만 댓글을 달아야 하거나 일상을 공유하진 않습니다. 하나님과 1:1의 관계로 자신의 시간과 에너지를 제사로 올리기만 하면 되니까요. 정해진 한 달이 지나면 '내년에 뵙겠습니다.' 하고 헤어집니다. 1년 동안 그 방에 계속 남아있는 분도 계세요. 그렇게 또 다음 해 1월 1일에 만나는 사이가 됩니다. 단톡방을 운영하면서 힘든 점은 하나도 없어요. 평소대로 성경을 읽어나가기만 하면 되니까요. 하나님은 이런 저를 사랑하실 거란 확신이 들 때면 하늘을 올려다보며 이렇게 외칩니다.

"하나님, 저 잘 하고 있죠? 1포인트 올려주세요. 감사합니다."
"어머! 하나님 단톡방에 30명이 있네요. 그럼… 30포인트 적립? 콜?"
아이같이 웃으며 하나님과 장난도 칩니다. 아버지한테 어떻게 버릇없이 저러냐, 제정신이냐 하실지 모르겠지만, 그러면 안된다고 하신 적도 없잖아요. 아버지랑 친하니까 그냥 친한 척합니다. 매일 보는 사이잖아요. 매일 같이 밥 먹고, 같이 커피 마시고, 같이 일상을 공유하는 편한 사이라 편하게 대합니다. 그렇다고 혼난 적은 없으니 아버지 앞에서 너무 부들부들 졸지 말아요.

사랑하는 사람이 있으시죠?

사랑이 시작되면 그 사람의 어린 시절이, 좋아하는 음식이나 취향이 궁금합니다. 그 사람의 평범한 일상이, 지금 이 순간 무슨 생각을 하는지도 궁금합니다. 그래서 없는 시간도 만들어 연락하고 보고 싶다고 달려가잖아요. 너무 당연하잖아요.

하나님을 사랑합니다. 그분의 생각이 그분이 하신 일이 궁금합니다. 예전에 하나님은 어떠셨는지, 하나님은 뭘 좋아하시는지, 하나님은 뭘 정말 싫어하시는지, 지금은 또 누구 덕분에 행복하시고 슬퍼하시는지 하나님의 오늘이 궁금해요. 그런 생각을 하면 가슴이 콩콩 뛰어요. 궁금하니까 그냥 읽습니다. 할 수 있는 일이라곤 성경 읽기밖에 없으니까요. 게다가 읽어도 다 이해할 수도 없고 매번 귤 까먹듯 까먹으니 매년 또 읽습니다. 영화나 드라마가 아무리 재미있어도 재탕은 안 하는 성격인데 성경은 읽을 때마다 새로 읽는 기분입니다. 성경학자들도 성경을 다 이해하고 돌아가시는 분이 있을까 생각해보면 이런 멍청한 제가 당연하다 싶으면서도, 또 한 번 하나님 정말 대단하십니다! 말밖에 안 나와요. 읽으면서 이런 구절이 있었나? 싶잖아요. 정말 이렇게 읽었는데도 볼 때마다 새롭게 와닿는 책이라니, 이런 책이 어디 있을까 싶습니다. 하하하. 제 포장의 기술 정말 대단하지 않습니까?

가끔 성경을 읽다 보면 눈물이 납니다. 우리 아버지는 얼마나 성질이 나셨을까? 이렇게 말 안 듣는 인간들을 그냥 확 다... 죽여 버리고 싶으셨을 텐데... 뭐 때문에... 참으셨을까? 그때 심정이 얼마나 비통하고... 쓰라렸을까? 얼마나 외롭고... 지치셨을까? 뭐 이런 인간적인 마음으로 하나님을 바라봅니다. 회사나 모임의 리더이신 분은 잘 아실 겁니다. 집단이 크면 클수록 리더가 참 외로운 자리라는걸요. 하나님을 리더의 자리로 대입해 봅니다. 정말 외롭지 않을까? 세상 우주의 통치자도 아마 참 외롭고 힘들 거야. 아버지께 다정히 말을 건네 봅니다.

"하나님... 저는... 하나님을 외롭게 하지 않을게요. 저... 잘 할게요. 그니까... 너무... 속상해하지 마세요. 제가 있잖아요. 저만 믿으세요. 아자!"

제 따위가 뭐라고 이렇게 이야기할 수 있을까요? 하나님도 껄껄 웃으시겠죠. 그래요. 그렇게 저는 하나님을 웃겨 드리고 싶어요. 오늘은 개그맨 버전입니다. 이러면서요. 아마도 하나님은 이런 제 마음을 잘 아실 겁니다.

매년 성경 일독을 하면서 제가 얻은 결론입니다. 하나님은 나를 사랑하십니다. 그래서 이 모든 일이 일어났을 뿐입니다. 내가 할 수 있는 건 아무것도 없습니다. 내가 하는 것은 내가 하는 것이 아니라 하나님이 하시는 겁니다. 하나님은 바라시는 건 이 작고 보잘것없는 제가 아버지 품 안에서 행복하게 웃으며 사는 겁니다. 걱정 없이 평안하게 해 주시는 것이 바로 아버지가 제게 주시는 가장 큰 복이니까요. 하나님이 원하시는 건, 멍청한 제가 이것을 정확하게 깨닫는 것, 그리고 잊지 않는 것뿐입니다.

인생에서 가장 가치 있는 투자

2022년 올해 완독은 11일이 걸렸어요. 매년 기간이 조금씩 짧아집니다. 11일 만에 어떻게 성경을 다 읽어낼 수 있을까, 답은 하나죠. 목숨을 걸면 됩니다. 10회 이상 통독하시면 11일 정도도 가능하지 않을까 생각합니다만 태어나 처음으로 일독에 도전하고 싶으시다면 한 달 정도 죽기 살기로 도전해 보심을 추천해 드립니다. 놀라운 보너스를 경험해보고 싶으시다면, 이번 기회에 새로운 인생을 살고 싶으시다면, 인생에서 놀라운 경험을 해 보고 싶으시다면, 도저히 지금처럼은 못 살겠다 하시면, 핸드폰도 지겹고 딱히 하고 싶은 일도 없으시다면, 아니 나도 꽤 오래 교회를 다녔는데 한 번도 성경 일독에 도전한 적도 성공한 적도 없으시다면 이번 기회에 성경 일독을 추천합니다. 태어나 한 번도 성경 일독을 해 보지 않으셨다면 더욱 더 강력히 추천합니다. 하나님이 얼마나 당신을 사랑하는지 체험하지 못했다면 더더욱 강력히 이 연사 힘차게! 힘차게!! 외칩니다! 성경 일독 하십시오. 당신도 충분히 할 수 있습니다.

 일독을 하면 내 힘으로는 절대 불가능한 일들이 일어납니다. 상상도 못 한 방식으로 하나님의 사랑을 느끼게 될 겁니다. 영혼까지 끌어올려 주식에 투자하지 마시고 영끌해서 성경 일독해 보세요. 인생에서 가장 가치 있는 투자가 될 겁니다. 성경은 종류가 많아요. 쉬운 성경도 읽고 메시지 성경도 있어요. 영어가 편하면 영어 성경도 있고요. 첫 일독을 마음먹었다면 쉽고 잘 읽히는 것으로 고르세요. 그리고 앱을 잘 사용하시는 것도 추천드립니다.

시간의 십일조가 성경 읽기라고 생각했습니다. 내 시간과 에너지의 십분의 일을 온전히 하나님을 위해 쓰겠습니다. 제 이익이 아니라 온전히 당신의 생각을 알아가는 시간으로, 우리가 더 가까워지는 관계를 위한 시간으로 사용하겠습니다. 그게 다였습니다. 하나님과 관계에 기름칠하려면 이 정도의 에너지와 시간은 당연하다고 생각했습니다. 그래서 밤잠 줄이고 제 안위를 위한 일들이나 계획은 뒤로 미루고 성경 일독에만 매진합니다. 함께 하면 더 좋을 것 같아 단톡방을 만들어 운영했습니다. 하나님은 웃으시더군요. 하나님의 미소가 느껴집니다. 독일에서 파라과이에서 참석하는 친구들도 있습니다. 같은 마음으로 성경을 읽고 가끔 단톡방에서 실시간 기도 제목을 나눕니다. 그 순간 누군가를 위해 잠시 기도합니다. 한마음이 됩니다. 서로 격려하지요.

올해 성경 일독을 마치고 이 책의 퇴고를 시작했습니다. 올해 첫 목표인 성경 읽기가 끝났으니 1월 마지막까지 퇴고에만 몰두하겠다는 목표를 잡고 이번 달 안으로 퇴고를 마칠게요! 라고 확언을 했어요. 그런데 문제가 생기더군요. 마귀가 끊임없이 저를 방해합니다. 크리스천들을 위해 성경 읽읍시다. 기도합시다. 십일조 하세요. 하나님께 다가갑시다. 아버지랑 친구처럼 친하게 지내요. 이런 이야기를 쓰는 게 마귀 입장에는 당연히 못마땅하겠지요. 몸이 너무 피곤하고 잠이 쏟아집니다. 제힘으로 조절 안 되는 일들이 반복적으로 생기더군요. 이런 상태가 계속되니 느낌이 딱 왔습니다. 단톡방에 기도 요청을 드렸습니다.

"선생님들, 아시다시피 제가 지금 크리스천을 위한 책을 퇴고 중인데요. 마귀가 저를 가만두질 않네요. 마귀 보고 꺼지라고 저에게 힘을 좀 실어 주세요. 기도 부탁드립니다."

기도해 주시겠다고 하시더군요. 그렇게 한 10분이 흘렀을까요? 느낌이 옵니다. 아…. 지금 마귀가 내 영역에서 도망치고 있구나. 오늘은 안 되겠다 후퇴를 선언했구나. 그렇게 다시 퇴고를 진행했어요. 놀라운 일이죠? 영적 전쟁은 매일 매 순간 일어납니다. 지금도 일어나고 있어요. 좀 더 완벽한 내용으로 천천히 이 책이 나오는 것이 더 좋지 않겠냐고 하루에도 수십 번 마귀가 저에게 속삭입니다. 마치 하나님이 말씀하시는 것처럼 그럴듯하게 저를 꼬드겨요. 저 또한 그럴 욕심이 없는 것도 아닙니다. 순식간에 책을 쓰고 또 순식간에 퇴고하고 있으니까요. 이 모든 작업이 한 달이 채 걸리지 않은 것 같거든요. 번갯불에 콩 볶아 먹는 기분이죠. 그래서 스스로 다시 고민해 보기도 했습니다.

'한 3개월 더 꼼꼼히 볼까? 독자들을 위해 그게 더 좋지 않을까…. 좀 더 읽기 편한 책이면 좋을 텐데, 너무 서두르지 말자.' 라고 마음먹었어요. 그런데 그때 전화가 울립니다.

"작가님, 지금 퇴고 중이시죠? 작가님, 완벽한 게 어디 있어요. 그냥 날짜만 맞추세요. 독자들도 다 이해할 겁니다. 시간을 더 가지면 문장이 달라지지 내용이 달라지진 않잖아요. 그러니까 그냥 완벽해지려고 하지 말고 그냥 하세요. 평소 말씀하시는 대로 시원하게 친절하게 쓰세요."

자칫 마귀 꾀임이 넘어갈 뻔했던 순간, 성경 읽기 방에 계시는 한 자매님이 절 구해 주셨어요.

아…. 아버지가 내 마음을 아셨구나. 마음이 약해지는 이 타이밍에 사람을 보내셔서 저에게 강함을 주셨구나 싶더군요.

"네, 은혜 작가님, 역시 어메이징 그레이스야! 감사합니다. 완벽해지려 말고 그냥 할게요. 고마워요."

성경 읽기 함께하자는 제 블로그 포스팅으로 인연이 된 은혜 작가님께 너무 고맙더군요. 아직 한 번도 진짜 얼굴 본 적도 없는 사이지만 하나님을 사랑하는 마음으로 함께 성경을 읽으면서 더 찐한 사이가 되었죠. 은혜 작가님은 올해 일독 선물로 작가가 되었어요. <불안한 크리스천 은혜로 일어서다, 100일의 미라클 감사 일기>를 쓰셨답니다.

저는 완독 보너스로 뭘 받았을까요? 누가 봐도 떨어질 것 같았던 정말 형편없는 기획서인데도 국가 보조금을 받는 지원 사업에 통과되었답니다. 그뿐 아니에요. 서류작성에는 정말 손발이 덜덜 떨리는 저를 도와주시는 분이 짠 나타나더니만 서류작성을 번개처럼 해 주시더군요. 제가 신청한 것 말고 다른 국가 보조금 사업에 지원서를 내겠답니다. 그랬더니 어디서 또 누군가가 짠 나타나셔서 그 사업을 책임지고 맡아 주시겠답니다. 꿈만 꾸던 일들이 제 노력과 상관없이 저절로 일어나고 있어요. 저는 뭐 하냐고요? 그러게요. 저도 제가 뭐 하는지 모르겠어요. 그런데 그냥 일이 술술 풀려요. 제가 말씀드리는 건, 하 이게 진짜 몸에 좋은 건데, 뭐라 표현을 못 하겠네…. 직접 경험해 봐야 하는데…. 말로 어떻게 해야 하는지 쯥…. 하하하.

이런 일들이 올해 1월 일주일 상간으로 후다닥 일어났어요. 제가 몇 달 아니, 몇 년을 고민하고 계획해도 하지 못할 일들이 순식간에 이뤄지고 있답니다. 누군가가 갑자기 나타나서. 대표님 이거 한번 써보세요. 했고 또 누군가가 요거 한번 해 볼게요. 했고 또 어떤 분들이 이건 제가 해 볼게요. 하셨어요. 저는 그냥 "네 감사합니다." 했을 뿐이고요.

고백하자면 이 모든 건 하나님이 하신 일입니다. 제가 감히 어떻게 이런 걸 할까요? 전 못합니다. 예전에 시도해 봤어요. 저 스스로 똑똑하고 잘났다고 생각하면서 이 비슷한 것들을 준비하고 도전했죠. 100% 될 거라 예상했는데 모조리 땡 탈락했습니다. 그래서 더 정확히 압니다. 이건 다 하나님이 하신 일이라는 걸요.

일은 안 하면서 입만 쫑알대는 사람들 아시죠? 회사에서 그런 사람들은 참 밉상이잖아요. 하지만 하나님한테는 그렇게 사세요. 24시간 쫑알대 보세요. 손발만 편한 게 아니라 그냥 인생 자체가 편해집니다. 이보다 쉬운 인생이 없는데 말이죠. 그 시작이 뭐냐고요?
아버지를 웃으시게 하라! 최선을 다해 목숨 걸고 아버지를 웃게 해 보세요!
그러려면 그 아버지 취향을 아셔야겠죠? 성경 읽으세요. 아버지 취향 저격 가능해집니다.

연봉을 올리시는 하나님만의 방법

순이익으로 월 천 이상을 어떻게 벌기 시작했는지는 기억나지 않습니다. 뭔가 제가 제품을 개발한 것도 아니고 사업장을 열어 고객 유치에 최선을 다한 것도 아니니까요. 그저 하던 일을 계속했습니다. 아이들 영어수업을 했지요. 그렇게 수업을 하다가 책을 쓰게 됩니다. 정말 우연한 기회로 학부모 교육에 참여했지요. 강의를 마치고 밥을 먹는데 옥복녀 선생님께서 저에게 한마디 툭 던지셨어요.
"혜영씨, 책 써요."
단 한 마디였지만 뭔가 힘이 있었습니다.
"제가요? 에이, 제가 어떻게 책을 씁니까! 그건 아무나 하는 일이 아니잖아요. 강사님같이 훌륭한 분이나 작가가 되는 거지요. 저는 못합니다."
"아니에요. 충분히 할 수 있어요."
그날이 우리의 첫 만남이었습니다. 뭘 봐서 제가 충분히 할 수 있다는 건지 도무지 이해가 되지 않았습니다만 그저 육감적으로 느껴지는 사람의 에너지를 믿어보기로 했습니다.

'나를 도우시려는 하나님의 뜻일지 몰라' 하는 생각이 들었어요. 늘 어머니는 저에게 이렇게 말씀하셨거든요.

"하나님은 늘 사람을 통해 일하신단다."

이번에는 그분의 인도하심을 믿어보기로 합니다. 그리고는 이은대 작가님의 책 쓰기 수업에 참여하게 되고 책이 나옵니다. 처음으로 쓴 책은 영어책이었죠. 영어포기자였던 제가 영어 선생이 되고 아이들을 만나면서 영문법을 어떻게 하면 쉽게 풀어낼 수 있을까 고민하며, 첫 책인 <똥쌤의 3초 영문법>을 썼습니다. 소중한 경험을 하고 나서 다음 책을 구상합니다. 육아에 관한 이야기를 있는 그대로 풀어냈습니다. <아들! 엄마 좀 나갔다 올게>와 <힘빼고 육아>는 꽤 큰 호응을 받았고 대만과 중국으로 수출까지 하지요. <내 아이를 위한 매일 3분 기도 하브루타> 책을 냅니다. 이 책을 내게 된 이유가 '마리아처럼 마르다처럼 기도하자'라는 '마마 기도회'에 가서 기도하는 어머니들의 모습을 보고 부끄러움과 반성이 올라와서 쓰게 되었죠. 나는 무엇을 위해 기도하는가? 나는 내 아이를 위해 이렇게 기도한 적이 있던가? 하는 마음이었죠. 저 같은 사람들이 좀 더 쉽게 자녀를 위해 기도하길 바라는 마음으로 기도문이 담긴 책을 써야겠다고 생각했어요. 그런데 이때 마귀 놈이 저를 유혹합니다.

'하브루타에 기도를 붙이면 종교색이 너무 강해서 아무도 안 살걸? 구매는커녕 계약도 못 할 거야. 괜히 헛수고하지 마.' 이렇게 저를 꾀더군요. 완전히 넘어갈 뻔했습니다. 아무도 읽지 않을 책을 쓰고 싶진 않았거든요. 그래서 게으름을 피웠습니다. 책을 쓰고 싶지 않았죠. 그런데 하나님이 저에게 이런 마음을 주셨습니다.

'딸아! 내가 왜 널 작가로 만들었는지 잊었느냐?'

바로 무릎을 꿇었습니다. 이 말은 제가 바로 납작 엎드렸다는 겁니다. 저의 장점은 빠른 수긍입니다. 맞는 말이라면 바로 수긍하고 잘못했다고 납작 엎드리는 자세가 아주 좋습니다. 이건 정말 여러분께 강력 추천해 드리고 싶습니다. 통통한 왕만두가 아니라 속이 있어도 없는 듯 납작 만두처럼 바닥에 납작, 하나님께 납작 엎드리면 모든 문제는 해결됩니다.

하나님의 마음을 알고는 손가락에 모터를 달았습니다. 아주 빠른 속도로 글을 써 나가기 시작했죠. 그렇게 <내 아이를 위한 매일 3분 기도 하브루타>가 나왔습니다. 그리고도 다음 책들이 나왔죠. 총 7권의 책이 나왔고 수출도 되고 책도 잘 나갑니다. 출판사에서 먼저 연락이 와서 기획 원고를 쓰기도 하고요.

평범한 영어 선생이 작가가 되었죠. 하브루타 교육을 듣고 하브루타 책을 쓰니 수업 문의가 들어옵니다. 20년 강의 경력 덕분에 학부모 상담을 합니다. 무료상담이 버거워서 유료로 전환하고 인생 컨설팅도 합니다. 독서모임을 운영합니다. 책과 관련된 일을 하면서 고정 수익도 생깁니다. 진로나 학습 코치에 관련해 외부강의를 나갑니다. 육아나 영어 제가 쓴 책과 관련된 강의를 합니다. 외부 강사를 교육합니다. 면접 준비를 시킵니다. 학생뿐 아니라 공무원 면접 취업 면접까지 좋은 성과를 냅니다. 불안한 발표와 면접 코치를 하기도 합니다. 알파벳도 모르는 어른들에게 영어를 꽤 빨리 잘 가르칩니다.

제가 또 잘난 척을 하고 있지요? 그런데 사실 잘난 게 하나도 없습니다. 사람들은 입을 모아 이야기합니다. 한 분야의 최고가 되어야 성공한다고 하지만 고백하건대 저는 한 분야에 최고가 아닙니다. 다만 어느 정도, 할 수 있을 뿐입니다. 한 책에서 이렇게 이야기하더군요. '상위 1%의 최고가 되어라. 하지만 그렇지 못하겠다면 5가지 분야에서 상위 10% 안에 들어라. 그러면 결국 1%의 최고가 될 수 있다'

제가 무슨 이야기를 하려는지 어떻게 이 장을 마무리해야 할지 저도 잘 모르겠어요. 다만 스스로 별 볼 일 없는 사람이라고 자신을 작게 여기지 않았으면 좋겠습니다. 투자금이 없어 사업 시작을 못 한다고 생각하지 않으셨으면 좋겠습니다. 스티브 잡스처럼 획기적인 아이디어가 있는 게 아니라 못한다고 생각하지 않으셨으면 좋겠습니다. 그저 자신의 자리에서 뭔가 부단히 노력하면 길이 열립니다. 능력은 지금 그 자리에서 조금씩 쌓아 가시면 됩니다. 대단한 전문가가 되겠다고 생각하지 마시고 주어진 일에 최선을 다하면 자신의 영역이 자연스럽게 확장됩니다. 돕는 사람들이 생겨납니다. 한순간에 이루어지지 않아요. 때가 되면 그 자리에서 머물게 하지 않으십니다. 하나님은 당신을 더 크게 쓰실 겁니다. 더 넓은 곳으로 인도해 주십니다. 그 방법이 어찌 될지는 아무도 예측할 수 없지만 말이죠. 저라고 제가 이렇게 될지 알았겠습니까? 다만 뒤를 돌아보니 하나님은 웃으면서 저를 이렇게 부르시더군요.

"작은 일에 충성한 내 딸아…."

첫 직장 생활은 개인 시간이 전혀 없을 만큼 힘들고 지치는 날의 연속이었습니다. 이를 악물고 마의 2년을 악으로 버텼습니다. 사직서를 가슴에 매일 품고 출근했지요. 영어교육 전문가가 되기 위해 최선을 다했습니다. 아침부터 저녁 12시까지 주 6일 출근에 박봉의 세월을 견디며 눈물도 참 많이 흘렸죠. 아르바이트로 수업을 하던 시절과는 딴판이었어요. 누구보다 잘 하고 싶었고 인정받고 싶었습니다. 몸을 불 싸질렀죠. 다시 하라고 하면 할 엄두가 전혀 나지 않았습니다. 지금보다 일은 5배로 했지만, 수익은 5분의 1도 채 되지 않았던 시절이었어요. 하지만 그 시간이 지금의 저를 만들었다 해도 과언이 아닙니다. 죽을 만큼 힘든 직장 생활을 하고 있을 청년들이 있다면 그것이 바로 당신이 성장할 수 있는 최고의 환경임을 기억하셨으면 좋겠습니다.

금메달을 따는 선수들을 생각해 봅니다. 금메달을 목에 걸기까지 얼마나 많은 훈련이 있었을까요? 늘 즐겁고 행복한 훈련은 없습니다. 힘들지 않다면 그건 훈련이 아닙니다. 그런 시간이 없었다면 메달은 불가능합니다.

시간이 좀 더 지나보면 세상의 이치가 보입니다. 나에게 시련의 순간이 찾아왔다면 그 시련 앞에 굴복당하지 말고 그다음을 생각해 봐야 합니다. 물론 저라고 그랬겠습니까? 이를 바득바득 갈면서 첫 직장의 2년을 견뎠습니다. 매일 당장이라도 그만두고 싶었지만 이를 악물고 2년만 버티자 다짐했죠. 세월이 흘러 적당한 타이밍에 자연스럽고 유연하게 첫 직장 생활을 정리할 수 있었습니다. 되돌아보면 이 또한 하나님의 계획하심이었다고 고백합니다.

'그래 됐다. 1차 시험 합격' 뭐 이런 게 아니었을까요? 그런 순간이 때때마다 찾아옵니다. 견뎌내는 능력이 쌓여갑니다. 그리고는 새로운 사람들과 새로운 인연을 붙여주시더군요. 그렇게 제 사업은 확장이 되고 수익이 늘어났습니다. 머리를 써서 뭔가 확장한 게 아니라 정말 자연스럽게 물 흘러가듯 새로운 일자리가 생겨났습니다. 그 이유는 하나입니다.

'작은 일에 충성하라'

사람들은 저에게 새로운 일을 제안하기 전 저라는 사람을 살핍니다. 과연 이 사람을 믿을 수 있는가? 자기 자신의 말을 지키는 사람인가?

꾸준히 행동할 수 있는 사람인가를 확인하고 검증하기 위해 의도치 않는 시험을 냅니다. 작은 일에도 충성하는 사람인가를 말입니다. 때에 따라 한번이 될 수도, 여러 번이 될 수도, 몇 백 번이 될 수도 있겠지요. 그 시험을 통과하면 됩니다. 그 시험에서 무조건 통과하는 방법은 하나입니다. 현재 맡은 작은 일에 충성하라.

성경에 나와 있는 그저 그런 말이라고 생각하고 허투루 넘겼습니다. 그런데 지나고 보니 그 말씀이 진리였습니다. 하나님은 저를 더 크게 쓰고 싶어 하셨습니다. 그래서 저에게 끊임없이 사람을 붙이시고 작은 일에 충성하는지를 확인하셨습니다. 처음부터 버는 돈의 액수에 신경 쓰지 않았습니다. 강의료가 형편없는 일에도 무급일지라도 할 수 있는 한 최선을 다했습니다. 불평불만하지 않았습니다. 내가 겨우 이 돈 받고 이런 수고와 노력을 해야겠냐고 따지지 않고 주어진 것에 감사했습니다. 인간적인 계산법이 마음속에 비칠 때마다 다시 마음을 고쳐먹었습니다. 어떤 환경을 주든 상관치 않고 해야 할 일을 즐겁게 하려고 했습니다. 그런 제 모습을 하나님은 예쁘게 보셨나 봅니다.

하나님은 전혀 예상치 못한 순간에 새로운 일자리를 통해 제 영역의 확장과 성장을 시켜주시더군요. 대만이나 중국으로 책을 수출하는 것만 해도 그렇습니다. 제 능력이나 노력과는 아무 상관 없는 일이거든요. 제 글 솜씨가 뛰어나 벌어진 일이 아님을 알고 있으니까요. 매달 고정 수익이 되는 출판기획에 관련된 일도 그렇습니다. 한 번도 생각지 못한 일이었지만 좋은 제안이 들어왔어요. 기회는 여기서 그치지 않았습니다. 이번에는 제 책쓰기 스승이신 이은대 사부님이 난데없이 이렇게 말씀하시더군요.

"신작가, 이제부터 자네도 나처럼 책 쓰기 수업해. 그래서 더 많은 사람에게 책 쓰는 삶에 동참할 수 있게 도와줘. 충분히 잘 할 수 있으니 열심히 해 봐."

이게 무슨 일인가요? 책 쓰기 수업을 해야겠어!라고 일초도 생각한 적 없는 제게 자신의 영역을 기꺼이 내어주시더군요. 제가 감히 책 쓰기 코치 경쟁자조차 될 수 없지만, 사부님이 굳이 저에게 그런 기회를 주실 이유도 사실 없으시잖아요. 그런 일들이 기적같이 끊임없이 일어났습니다.

하나님께 인정받는 유일한 방법

매콤하고 촉촉한데 달콤하고 쫀득한 떡볶이를 입에 넣겠다는 다짐으로 퇴근길에 나섰어요. 떡볶이 가게를 향해 전력 질주하며 길모퉁이를 휙 돌아서는데 바삭한 튀김옷을 입은 치킨 냄새가 마스크를 넘어 제 콧속으로 뛰어오더군요. 일 초의 망설임도 없이, 치킨 집으로 들어가 프라이드 반 양념 반을 주문했어요. 물론 떡볶이를 먹든 치킨을 먹든 크게 달라지는 건 없겠지만 작은 환경 변화에 따라 제 마음이 순식간에 바뀔 수 있다는 걸 알게 되었답니다. 저는 '의지' 같은 게 있는 인간이 아니더라고요.

사람은 타인의 인정에 목숨을 겁니다. 인간관계에서도 사랑보다 인정에 더 목말라하는 것 같아요. 고맙다는 말속에도 당신을 인정한다는 의미가 들어가 있기에 감사 인사에 기분이 좋아지지요. 저 또한 사람들에게 인정받고 싶은 마음이 컸습니다. 인정받기 위해 제가 할 수 있는 일들이 뭔지 고민했습니다. 일을 잘 해서 성과가 나면 인정받을 수 있다고 생각해 정말 열심히 일만 했습니다. 아이 성적을 올려주는 유능한 강사가 되면 인정받을 수 있다고 생각해 아이들을 달달 볶았죠. 성적이 전부라고 생각했는데 꼭 그렇진 않더군요.

수많은 강의와 책을 보며 공부하기 시작했습니다. 인정받는 사람들의 공통점도 찾아봤습니다. 남의 말을 잘 경청하는 겸손한 자세, 지혜로운 결정, 온화한 태도, 진정성 등이 나오더군요. 그렇게 하려고 노력했어요. 불같은 성질을 죽이고 내 이익이 아닌 상대의 이익을 먼저 생각해보고, 하고 싶은 말 대신 듣고 싶은 말로 응원했지요. 지혜롭고 현명한 사람이 되기 위해 언행에 신경 썼습니다. 물론 예전보다 더 나은 사람이 되었지만, 여전히 참 부족한 사람이었어요.

'더 멋진 사람이 되고 싶어.' 끝없는 욕망이 제 안에 있다는 걸 알게 됐습니다. 더 많은 사람에게 인정받고 싶은데…. 욕심은 정말 끝이 없더군요. 그런데 성경을 읽다가 이 내용이 제 가슴이 콕 막혔습니다.

"예수님도 고향에서 인정받지 못했다."

예수님도 모든 사람에게 인정받지 못했는데 제가 뭐라고 더 많은 사람에게 인정받아야 한단 말인가요? 모두를 만족하게 한 대통령은 세상에 없습니다. 아무리 멋진 연예인도 모두에게 인정받지 못하는데 어떻게 제가 모든 사람에게 인정받을 수 있을까요? 과연 이게 가능할까요? 사람마다 추구하는 가치가 다 다른데 모두에게 인정받는다? 말이 안 되는 얘기였어요.

저는 김치찌개를 잘 끓여요. 모두의 입맛을 만족하게 할 순 없지만, 아들에게는 최고의 김치찌개를 끓여 줄 수 있는데 방법은 참 간단해요. 아들이 좋아하는 돼지고기와 아들 입맛에 맞는 김치를 듬뿍 넣으면 됩니다. 양파나 파, 다른 부재료가 전혀 필요 없어요. 왜냐면 아들은 어차피 고기와 김치만 먹으니까요. 한 사람의 입맛에 딱 맞는 요리는 의외로 간단해요. 그 사람의 성향에 맞추기만 하면 되니까요.

생각의 폭을 넓혀봤습니다. 많은 사람에게 인정받는 건 행복할까? 아니면 하나님께 인정받는 게 행복할까? 질문이 시작은 꽤 복잡했지만, 대답은 간단했습니다. 많은 사람에게 인정받기를 포기하고 오니 원, 하나만, 생각하기로 합니다. 하나님께 인정받는 내가 되자.

하나님께 인정받는 것이 어려울까요? 아주 쉽습니다. 눈 밖에만 나지 않아도 인정받을 수 있어요. 하지 말라는 짓 안 하고 살아도 충분하겠지만 전 욕심이 많아서 그것보다 좀 더 인정받기를 원했어요. 하나님께 인정받는 삶은 참말로 쉽습니다. 세상은 늘 빠르게 변하지만 절대로 변치 않는 것은 말씀입니다. 하나님께 인정받는 실패 없는 길은 바로 말씀을 잡는 겁니다. 당신이 잡고 있다고 생각하는 것들 잘나가는 사람들과의 인맥, 든든한 자산, 당신의 우수한 두뇌, 말빨, 능력? 그거요? 다 썩은 동아줄입니다. 하루아침에 사라질 수 있어요. 다시는 그런 것들에게 자신을 맡기지 마세요. 확실한 빽이 있는데 왜 그걸 안 잡으세요? 세상에서 가장 큰 빽을 잡고 당당하게 살아요. 딱 하나만 하면 됩니다. 하나님을 인정하고 그분의 인정을 받는 겁니다. 17 대 1로 싸우면서 승리하는 길은 한 놈만 팬다는 말이 있잖아요. 싸움에 비유했지만 간단하게 생각하면 됩니다. 한 분만 보세요. 그게 제일 빠르고 정확하고 실패 없습니다.

3장
하나님 계획은 어디쯤

기도 라이프

우리 그렇게 가까워졌어요.

대학교 1학년이었죠. 기독교 동아리 선배가 이렇게 이야기를 하더군요.
"금식기도 해 본 적 있어?"
"딱히 없는 것…. 같은데요."
"그럼 대학생도 되고 했으니까 한번 해 보자."
"그...럴...까요?"
"진짜 좋아. 한번 해 보면 반할걸."
"네… 뭐 한번 해 보죠."
"2박 3일 금식기도회야. 그날 올 때 작은 수첩에 기도 제목 100개 써와. 그날 보자. 안녕."
'에??? 2박 3일이라고요? 왜 그 얘기를... 먼저 안 하시고, 맨 나중에 하세요? 기도 제목 100개를 써오라고요? 와…. 그러고는 또 이렇게 날치기처럼 후다닥 내빼기 있어요? 와! 선배,,, 진짜, 사기다! 사기!'

사기꾼 선배가 저만치 걸어가는 게 보였지만 이미 물은 엎질러진 셈이죠. 저는 이미 그렇게 하겠다고 약속했고 무르기엔 자존심이 허락지 않았어요.
'에잇, 당했다!'

기도 제목 100개를 써 오라는 숙제로 며칠 고민했어요. 처음에는 저를 위한 기도가 채워지고 나중에는 자연스레 가족과 친구들을 위한 기도로 써 내려갔지요. 그런데도 100개가 채워지지 않자 나라와 민족 나아가 세계를 위한 기도 제목이 적히더군요. 참 희한하다 싶은 마음으로 기도 제목이 적힌 수첩 하나만 덜렁 들고 기도원엘 갔어요. 매년 수련회를 참석했던지라 금식기도회 분위기가 딱히 어색하진 않았어요. 다만 매번 먹는 카레 냄새를 맡지 못하고 생수만 들이켜야 한다는 것, 다과 없는 쉬는 시간이 있다는 것만 달랐죠. 먹는 건 없는데 긴 긴 설교 시간은 그대로고 못 먹어 힘이 하나도 없는데 이상하게 몸짓 찬양이 가능하더군요. 이야기는 여기서부터 시작이에요. 제 수첩의 기도 제목 중 하나가 뭐였냐 하면요. 정확히 번호까지도 기억납니다.

기도 제목 27번. 하나님 저 쌍수 시켜주세요.

세월이 많이 바뀌어 쌍꺼풀 수술은 중학생도 하는 수술 아닌 시술이지만, 20년 전만 하더라도 부작용이 어마 무시한 수술이었어요. 3개월이 지나도 여전히 눈꺼풀에 퉁퉁하고 빨간 애벌레가 터줏대감처럼 앉아있었죠. 5살 꼬마도 한눈에 눈치채고도 남을 티 남이었죠. 게다가 엄청난 후유증을 직접 보고 들은 터라 겁도 났지만, 아름다운 청춘을 지방 낀 무쌍으로 살고 싶진 않았기에 18살 때부터 부모님께 애원했습니다. 대학생이 되면 쌍꺼풀 수술을 시켜 달라고 말이죠. 그런데 문제는 아빠였습니다.

"딸아. 하나님이 주신 모습 그대로가 제일 예쁘지 않겠냐. 넌 지금도 충분히 예뻐. 쌍꺼풀 수술 절대 반대다."

'아빠 눈에만 예쁘죠. 그 말 다 뻥인 거 알아요! 아빠는 도대체 왜 쌍꺼풀이 없는 건가요! 도대체 왜! 암튼 그래도 아빠는 남자잖아요. 이 와중에 왜 남동생한테는 쓸데없이 쌍꺼풀을 준건데요! 나한테 줬어야죠! 아버지도 아빠도 둘 다 미워요!'

아무리 설명하고 설득하고 떼를 쓰고 아양을 피우고 별짓을 다해도 아빠는 수술은 절대 안 된다는 단호함을 가지고 계셨어요. 그래서 저는 2박 3일 금식기도회 기도 리스트 27번에 쌍수를 시켜 달라고 썼죠.

토요일 오후 2박 3일 금식기도회가 마치는 시간에 맞춰 아빠가 기도원으로 마중을 오셨습니다. 차를 타자마자 아빠는 한마디 딱 하시더라고요.

"딸, 기도한다고 수고했다. 그런데... 내가 할 말이 있는데,"

"네, 뭔데요?"

"너 쌍꺼풀 수술하고 싶으면 해라. 물론 네가 하고 싶은 마음이 변치 않았다면 말이다."

이게 웬 자다가 봉창 두드리는 소립니까? 다짜고짜 쌍수를 허락하신다는 이야기를 하십니다. 그것도 기도원 주차장에서 말이죠. 이게 꿈인가 생신가 했죠. 그때 저는 직감했습니다. 와우! 기도가 이루어지는 게 이런 기분이구나.

집에 도착하자마자 다음 주 월요일로 바로 수술 예약을 했습니다. 수술대에 누워서도 연신 감사를 드렸어요.

"와! 하나님 정말 살아계시는군요. 저를 새로 태어나게 해 주세요. 이 의사 선생님께 하나님의 능력이 임하기를 간절히 소망합니다."

아뿔싸! 저는 쌍수가 그렇게 아픈지 처음 알았습니다. 아무도 저에게 쌍수가 아프다는 이야기는 하지 않았거든요. 마취하긴 했지만, 부분 마취라 의사 선생님과 간호사 선생님 이야기가 또렷이 다 들리더군요.

"야…. 이 지방 봐라. 장난이 아닌데…."

제 눈에서 떼어내는 지방을 말씀하시는 것 같은데 들려도 못 들은 척했어요. 지금 같아선 그 말을 되받아칠 배짱이 넘치지만 말이죠. 아무튼, 솔직한 의사 선생님의 수술은 다행히 성공적이었습니다. 솔직한 의사 선생님보다 더 솔직한 남동생이 외친 말이 아직도 생생하긴 합니다.

"누나, 진짜 밥맛 떨어지니까 식탁에서는 내 앞에 앉지 마라. 제발!"

주먹을 날리고 싶었지만 사실 제가 봐도 동생 말이 하나 틀린 게 없었습니다. 당시에는 쌍꺼풀 수술 후 일상생활이 불가능했어요. 한마디로 한 달은 그냥 프랑켄슈타인이었습니다. 까만 선글라스까지는 아니더라도 갈색 렌즈 안경을 한두 달 쓰고 다녀야 할 기술력이었죠. 그렇게 몇 달이 흘렀고 어느 날 밥상머리에서 아빠의 충격적인 말을 듣게 됩니다.
"야…. 우리 딸 눈에 선 긋고 용 됐네."
아빠도 딸의 성공적인 수술을 인정하셨답니다. 그래서 저는 이렇게 대답했어요.
"이게 다 아버지 덕분이죠. 감사합니다."
하늘에 계신 아버지도 식탁에 앉아계신 아버지도 두 분 다 웃으셨을 거예요.

누군가는 쉽게 할 수 있었던 쌍수였겠지만 저에겐 이렇게 특별했어요. 확실한 기도의 응답을 얻은 저는 확신했습니다.
"우리 하나님은 내 작은 소리에도 귀를 기울여 주시는구나. 살아계시는구나. 역사하시는구나."
참 가소롭죠? 쌍꺼풀 수술하나에 이렇게 기도의 찐 팬이 되었다는 게 우습지만, 그 뒤로 저는 작은 기도 제목을 소소히 이야기하는 사람이 되었습니다. 우린 그렇게 좀 더 가까워졌답니다.

어리광 피우기

"엄마 나 피자 먹고 싶어."

"피자? 오늘 토요일이고 내일이 주일이잖아. 아빠 바쁘셔서 안 될 것 같은데…. 엄마가 뭐 딴 거 해 줄게. 참아."

중학교 2학년 겨울방학, 피자가 먹고 싶더군요. 25년도 더 된 그 당시, 피자는 특별한 음식이었어요. 이렇게 말하니까 제가 진짜 늙은이 같은데 처음으로 햄버거와 프렌치프라이를 먹은 기억은 초등학교 2학년 때 교회 선생님이랑 같이 간 빨간색 L이 그려진 레스토랑이었어요. 어찌나 신선했던지 아직도 기억이 생생하네요. 암튼 중학생 시절에도 피자집이 근처에 있지도 않았고 배달의 민족은 상상도 못 하던 시절이었죠. 그런데 이게 웬일입니까. 제가 그렇게 실없는 이야기를 하고 1시간이 지났을까요? 교회 집사님이 피자를 사 오신 겁니다. 피자 빵이 아니라 진짜 피자였어요.

"와! 봤어?? 하나님은 진짜 나를 사랑하신다니까. 내가 먹고 싶다고 하면 척! 척! 척!이야. 동생 너 먹고 싶은 거 있음 나한테 다 말해. 내가 다 쏜다."
이런 일은 자주 반복되었답니다. 딸기가 귀한 시절인데 딸기가 먹고 싶다 하면 딸기가 바구니 채 왔어요. 그래서 제가 살이 빠질 새가 없었나 봅니다. 지금 생각해 보면 하나님은 저에게 이렇게 말씀하고 싶으셨나 봐요.
"딸아! 너 먹고 살 일 걱정은 앞으로도 하지 말게나."

먹고 살 걱정을 안 한다는 거! 정말 이것보다 더 멋진 삶이 어디 있을까요? 걱정을 안 해도 되는데 몇 십 년 동안 먹고 사는 일에 연연하며 살았네요. 플렉스를 하자면 저는 이제 먹고사는 일에 걱정이 없습니다. 돈 버는 일도 걱정하지 않습니다. 이 모든 건 제가 하는 게 아니라는 사실을 정확히 알고 있거든요. 하나님은 주시겠다! 마음먹으시면 그냥 주십니다. 물론 제가 아무것도 하지 않고 앉아만 있는데 먹여 살리시진 않으시겠죠. 아니 그럴지도 몰라요. 하지만 그렇게 살고 싶진 않기에 나름 할 일을 합니다. 모든 건 하나님께 달려 있을 뿐이에요. 바라는 것을 하나님께 이야기하는 것이 기도라고 생각했는데 살아보니 꼭 그렇지도 않더라고요. 그럼 저는 어떤 기도를 할까요? 다음 장에 좀 더 이야기해 볼게요. 지금 말씀드리고 싶은 건 하나님은 제가 그냥 툭 내뱉은 말에도 귀 기울이신다는 겁니다. 기도 제목을 쓰고 공들여 기도하는 것이 아니라 제가 스쳐 가는 생각까지 기억하셔서 이루어 주시는 아주 멋진 아버지라는 걸 고백합니다. 지금은 먹고 싶은 게 있으면 뭐든 사 먹을 수 있는 능력은 있는데도 아이처럼 아버지께 말해봅니다.

"하나님 나 이게 먹고 싶어요."

그럼 어떤 일이 생기냐고요? 기도의 응답이 음식으로 제 눈앞에서 나타난답니다. 그렇게 우리는 아주 많이 사랑하는 사이라고 자랑해 봅니다. 딸을 행복하게 하는 방법을 그분은 너무 잘 알고 계시더라고요. 그럴 때마다 다짐해 봅니다.

'아부지, 저도 아부지 웃게 해 드릴게요. 기대하세요. 감사히 잘 먹겠습니다. 아부지 최고!!'

어리광을 피워봅니다. 이 나이에 어디 가서 이런 어리광을 피우겠어요? 하지만 아버지 앞에서는 문제없습니다. 오히려 귀엽다고 웃으실지도 몰라요. 뭐 어때요? 당신을 웃게 해 드릴게요. 그게 제가 당신을 사랑하는 방식입니다. 떼쓰지 말고 어리광을 부려봐요. 요것 봐라. 귀엽네! 하실 거예요.

제가 당신을 감히 위로해봅니다

사소한 기도를 즉각적으로 들어주시는 하나님! 그 관계의 비밀은 이 구절의 실천입니다.

〈쉬지 말고 기도하라〉

처음 이 말씀을 들었을 때는 그냥 지나쳤어요. 그럴 마음도 자신도 없었죠. 그런데 계속 목사님들이 쉬지 말고 기도하라는 이야기를 하시더라고요. 코웃음이 났습니다. 쉬지 말고 기도하라니 뭔 소리인가? 싶었어요. 아니 좀 더 솔직히 말해서 목사님들이나 전도사님들은 그게 당신의 일(직업)이니까 당연히 그렇게 해야 하는 거 아니냐고 묻고 싶었어요.
'목사님! 저는 먹고사는 일이 급해서요. 목사님처럼 한가롭게 매일 한두 시간씩, 안 쉬고 기도하고 그런 거 못 합니다. 목사님도 몇 시간씩

애들 가르치고 그런 거 못 하시잖아요. 똑같은 겁니다. 그리고요, 저는 그럴 시간도 없어요!' 라고 맘속으로 외쳤죠.

쌍수 사건 이후 기도의 중요성을 알게 되었지만, 사람이 그렇지 않습니까? 큰 이벤트가 있어도 시간이 지나면서 무뎌지고 까먹고 하잖아요. 실컷 출애굽을 시켜놨더니 입이 툭 튀어나와 불평하는 이스라엘 백성이 딱 저였죠. 그렇게 또 적당히 무미건조하게 살다가 예상치 못한 삶이 급격하게 진행되고 새벽기도 가서 하나님 발목을 잡아 흔들었죠. 그러다 잊고 지냈던 쌍수 기도를 기억하고는 다시 재정비합니다. 하나님은 나를 위해 못 하실 일이 없으신데 내가 바라지 않구나. 아까운 시간 원망만 하고 있다고 말이죠.

집에 돌아다니는 작은 수첩 하나를 찾아, 기도 제목을 써 내려가기 시작했습니다. 기도 제목 100개를 쓰다 보니 똑같은 일이 벌어지더군요. 처음에는 제 이야기가 나중에는 또 세계 평화를 이야기합니다. 이 와중에 세계 평화를 기도하겠다니 무슨 멍멍이 소리가 싶기도 했지만, 그냥 그렇게 써지더군요. 새벽 기도 시간에 눈물 대신 차분히 수첩의 내용을 읊어나가기 시작했어요. 아무 말도 못 하고 아버지! 만 외치던 제가 정신 줄을 바로잡은 거죠. 물론 그러다가 또 머리를 산발해서 울고불고 난리 치기를 무한 반복했지만 말이죠. 바라고 바라는 기도를 수도 없이 했습니다. 그게 쉬지 말고 기도하는 것으로 생각했어요.

그러다 1월 1일 저는 하나님을 대면합니다. 신년예배를 드리고 집에 와 한숨 자고 일어났는데 갑자기 멍청하게 아무것도 안 하는 저 자신이 너무 한심한 거예요. 일 년의 첫 시작인데 기도원엘 가야겠다는 생각이 들어 혼자 기도원엘 갔습니다. 살면서 이런 생각을 한 게 태어나 처음이었어요. 기도원 생각이 올라왔을 땐 무슨 기도원이냐며 무시하고 넘어가려는데 그 마음이 점점 강해져 집에 앉아있을 수가 없더라고요. 초록 창에 주변 기도원을 검색하고 혹시나 이상한 곳인가 두 번 세 번 체크하면서 찾아갔지만 1월 1일 기도원에는 정말 개미 새끼 하나 없더군요. 다행히 예배당 건물은 열려있어 바닥에 넓적한 방석 2개를 겹쳐 깔고 엎드려 기도했어요. 아니나 다를까 하염없이 눈물이 떨어지더군요. 그런데 한순간! 아부지!!라는 기도가 이렇게 바뀌는 겁니다. 말투부터가 달라졌어요.

"아버지, 저 잘 하고 있죠? 저 기도원 왔어요! 1월 1일 그냥 새해의 첫 시작을 하나님께 드리고 싶었어요. 잘했죠? 그니까 저 잘했다 칭찬해주세요. 하나님, 지금 발가락 시려 죽겠어요. 엎드려 무릎 꿇고 있으려니까 다리에 쥐도 나도 죽겠어요. 그런데 기도원에 사람이 하나도 없어서 좀 속상하기도 해요. 여기가 잘되면 좋을 텐데…. 여기에 사람들이 가득 차서 하나님한테 기도하는 사람이 많으면 좋을 텐데…. 이 넓은 기도원에 저 혼자 있네요. 아버지 좀 섭섭하시겠어요. 그래도 저 왔잖아요. 그니까 마음 푸세요."

이게 무슨 일입니까? 제가 주절주절 하나님과 대화를 하고 있었어요.

그전까지만 해도 그 수첩에 적힌 것들을 이루어 달라고만 기도했잖아요. 내 욕심만 채우겠다고 혼자서만 끝도 없이 기도했는데 차가운 기도원 바닥에 엎드려 제가 하나님이랑 대화하고 있는 겁니다. 그런데 그 순간 하나님이 웃고 계시다는 걸 알았어요.
'딸아 네 덕분에 외롭지 않구나.'
이런 마음을 주시더군요. 아……. 이거다! 쉬지 말고 기도하라는 건 이런 거구나! 어려운 일이 아니구나! 싶더군요. 하나님을 기쁘시게 하는 건 절대 어려운 일이 아니구나. 못 하는 일이 아니라 안 하고 있던 것뿐이구나. 내가 무슨 대단한 일을 한다고 해서 하나님이 기쁘신 게 아니겠구나. 하나님을 외롭지 않게 (무슨 하나님이 왕따라서 외롭다거나 그런 의미가 전혀 아닙니다) 그러니까 하나님을 존중하고 사랑하고 있음을 지속해서 알려드리는 것 자체가 쉬지 말고 기도하란 의미라는 걸 깨닫게 되었어요. 갑자기 발이 하나도 시리지 않았어요. 꽝꽝 언 바닥에서 더는 냉기가 올라오지 않더군요. 하나님이 여기에 나와 함께 계시는구나. 내가 좀 더 똑똑해지니까 우리의 관계가 더 가까워지고 있구나 하는 확신이 생겼습니다.

저는 당신을 사랑합니다.
그래서 당신을 알고 싶어요.
성경을 통해 알아갑니다.

저는 당신을 사랑합니다.
그래서 당신과 대화하고 싶어요.
기도를 통해 가까워집니다.

당신은 저를 더 사랑하십니다.
그래서 저와 더 친해지고 싶으셔서
이 모든 일을 하고 계시는군요.

감사합니다.
고맙습니다.
다 주님 덕분입니다.

효과만점 부장님 기도

'주세요' 기도에서 본격적으로 '부장님 기도'가 시작되었습니다. 그게 뭐냐고요? 회식을 떠올리시면 됩니다.
"이야…. 세상에 부장님 같은 분 없으십니다. 정말 대단하신 것 같아요."
"부장님, 정말 세계 최고이십니다."
"부장님 같은 분과 함께 일하게 된 건 정말 일생일대의 행운이라고 생각해요."
이런 대화가 어색하다면 아직 세상의 때가 덜 묻으신 걸로, 반면 웃으신다면 당신은 아마 사회생활의 달인이실 겁니다.

여름성경학교에서 기도하는 법을 배운 적이 있어요. 처음에는 하나님을 부르고 다음으로는 감사하고 그리고는 어쩌고저쩌고 중에 하나님을 찬양하라는 부분이 있었어요. 내가 하나님을 어떻게 찬양하란 거지? 기도 중에 난데없이 찬양하라고? 노래에 소질이 없어서 하나님이 언짢으실 것 같은데…. 갑자기 기도하다 노래를 어떻게 불러? 라고 생각했지요. 시간이 좀 지나서 그 뜻이 하나님을 칭찬하라는 말로 들리더군요. 그런데 여기서도 브레이크가 걸립니다. 감히 어떻게 하나님을 칭찬할 수 있어? 칭찬은 윗사람이 아랫사람에게 하는 거로 생각했어요. 시간이 또 지나 기도는 하나님과의 대화라는 이야기를 들었을 때, 그래 그러니까 내가 하나님께 원하는 걸 이야기 하는 거잖아. 내 기도를 들어주시고 응답해 주시고 그래서 내가 잘 먹고 잘살게 해 주세요. 이렇게 하는 거 맞잖아! 생각했습니다. 이런 과정 끝에 내린 결론은 기도는 부장님 기도가 맞습니다. 그래서 저는 어떻게 기도하냐고요?

"하나님, 오늘 하늘이 정말 예술인데요. 진짜 너무 예뻐요. 아니 색감 천재 아닙니까? 진짜 매일 하늘 색깔 고민 같은 건 당연히 안 하시겠죠? 덕분에 행복합니다. 하나님 감사합니다."

"하나님, 이렇게 맛있는 음식 주셔서 정말 감사합니다. 만나만 먹게 하셔도 영광인데 매일 이렇게 색다른 음식을 주시는 은혜는 정말 최고입니다. 근데 하나님은 뭐 좀 드시죠? 제가 어떻게 홍삼이라도 좀 보내드릴까요? 하하하. 필요하면 말씀만 하세요. 전 재산까지는 아니고 한 일억까지만 협의 봅시다. 좀 더 크면 10억 쏠지도 몰라요. 그니까 그렇게 좀 만들어 주세요."

제가 봐도 껄껄 웃음이 나옵니다. 그런데 이게 정말 효과가 있답니다.

이렇게 기도하는 사람이 별로 없을 거거든요. 사람들이 하나님께 기도할 때를 생각해 보세요. 맨날 죽는소리만 하죠, 맨날 울고 불며 살려 달라 하죠. 하나님은 매일 우는 소리 들으며 '주세요 기도'를 쉬지 않고 들으시면 얼마나 피곤하시겠어요. 물론 하나님을 사람과 비교가 말이 안 되지만, 제 능력과 생각이 이것밖에 안 되니 뭐 어쩌겠어요. 찬양을 올려드리는 건…. 하나님께 대한 내 사랑을 표현하는 것으로 해석했습니다. 꽃을 봐도 하나님 대단하십니다. 이걸 어떻게 하셨대요? 단풍을 봐도 아름다운 사람들을 만나도 그냥 다 부장님 기도로 이어졌습니다. 딱히 시간을 내어 무릎 꿇고 기도를 할 필요가 없어졌어요.

새벽기도와 멀어지기 시작했습니다. 아부지!! 목 놓아 기도할 이유가 없어진 게 아니라 그보다는 부장님 기도가 더 편하고 좋았습니다. 울지 않고도 하루가 상쾌해졌습니다. 새벽기도를 가지 말라는 이야기가 아닙니다. 바라는 기도에 목숨을 걸지 마시라는 겁니다. 보채고 울고 매달릴 거 같으면 아주 확실하게 하셔서 하나님이 불쌍하다 싶을 정도로 몰방하세요. 적당히 울다가 '하나님은 내 기도 안 들어 주시네, 흥' 하고 삐지지 말란 말입니다.

이건 정말 저 혼자만의 생각입니다만 이런 생각도 들더군요.
'하나님은 회장님 중에서도 최상위 회장님이시니까 분명 비서가 있으시겠지. 아마도 천사일 거야. 그렇다면 내 옆에는 나와 함께 늘 회장

님 비서 천사가 있겠지. 그 천사가 전달을 하지 않겠어? 그 천사에게도 잘 보일 필요가 있겠군.'

부장님 기도를 하니 뭔가 하나님과 제가 부쩍 가까워진 듯했습니다. 그러다가도 이런 기도가 너무 격 없이 느껴져 스스로 황당할 때는 이렇게 했습니다.

'아 제가 지금 선을 넘었네요. 천사님…. 알아서 정리해 주세요.'

'천사님 지금 저 보고 계시죠? 잘했다 싶으면 하나님께 보고 좀 잘해 주세요. 일 포인트 올려주시는 알죠?'

생각해 보면 제가 막연히 천사님이라고 불렀던 분이 성령님이 아닌가 생각이 듭니다. 그래도 뭔가 호칭이 성령님보다 천사님이 좀 더 만만해 보이고 착해 보여서 저는 계속 천사님으로 쓰려고요.

'성령님, 뭐 이런 거로 섭섭하진 않으시겠죠? 호칭이 중요한… 건… 아니지 않겠습니까? 성령님은 왠지 저에게 불호령을 내리시고 침대를 불사라 버릴 거 같아 무서워서 그렇습니다. 이해해 주시리라 믿어요. 감사합니다.'

어때요? 쉽죠? 저는 이렇게 늘 하나님께 천사님께 성령님께 조잘조잘 해봅니다. 주세요. 해결해 주세요. 주세요! 주세요! 안 해요. 그냥 멋집니다. 대단하십니다. 놀라우십니다. 능력자이십니다. 저는 그 옆에 조용히 붙어만 갈게요. 절 잊지 마세요. 옆에 떨어지는 과자 부스러기만 주워 먹고 살아도 저는 배불러요. 어여뻐 봐 주세요. 제가 좀 까분다 싶으면 막 뭐라 하지 마시고 벌주지 마시고 안 아프게 친절하게 일러

주세요. 바로 고칠게요. 저 평생 이렇게 깨갱 하면서 살겠습니다. 감사합니다.

어린아이 같은 신앙이라 누가 보면 이게 뭐야 하실 겁니다. 하나님은 이런 분이 아니시라고 이야기하실 수도 있겠지요. 하지만 제가 만난 하나님은 이런 저 또한 받아주시고 제 수준에 딱 맞는 사랑을 주시더군요.

이제껏 하지 않은 일로 하나님을 웃게 할 수 있다면 과감히 도전하세요. 내 생각을 버리고 남의 의견에 너무 집중하지 마시고 스스로 생각해 보세요. 과연 나는 어떻게 하나님을 웃게 할 수 있을까만 고민해 보세요. 그리고 그냥 실천하세요. 행동하지 않는 고민은 아무짝에도 쓸모없습니다. 속담 중에 그런 말 있잖아요. 웃는 얼굴에 침 못 뱉는다. 웃으면서 달콤하게 하나님께 고백합니다. 하나님 정말 최고 중의 최고! 비교 불가. 카…. 정말 장난 아니십니다. 그런 아버지가 제 아버지라니 정말 영광입니다. 저 잘 할게요. 천사님, 우리 아부지 바쁘실 테니까 귀찮게 안 할게요. 대신 잘 전달해 주시고요. 제가 깨갱 하면서 잘 살고 있다고 보고서만 잘 써주세요. 고맙습니다.

하나님은 왜 내 기도에
응답이 없으실까요

"도대체 하나님이 계시기나 한 거야? 어떻게 해야 할지 도무지 선택을 못 하겠어. 기도해도 하나님은 매번 응답이 없어. 이 상황에도 계속해야 할까? 도대체 하나님은 내 기도를 듣기나 하는 거야? 진짜 미쳐버리겠어. 하나님 뜻이 뭔지 알아야 그렇게 할 거 아니야."

하나님 뜻이 도대체 뭐냐고, 너무 힘든데 왜 자기 기도를 들어주지 않느냐고 자기 푸념을 늘어놓다가 결국 소리를 꽥 지르거나 울먹이며 괴로워하는 친구들을 많이 만났습니다. 물론 저도 그럴 때가 있었지요.

제 아이가 이렇게 물어봅니다. 엄마 제가 오줌을 먹을까요? 똥을 먹을까요? 뭐라고 대답해야 할까요? 아무 말 안 할 겁니다. 말이 안 되는 소릴 하니까요. 혹은 이미 답을 줬습니다. 눈을 치켜뜨고 한번 째

려봤어요. 그게 제 답입니다. 다만 아이가 아직 어려서 제 말뜻을 이해 못 할 수 있죠. 혹은 분명 어제 대답했는데, 또 물어봐 대답할 가치도 없다 생각이 들죠. 이런 멍청한 질문을 하는 너는 도대체 누구냐 네가 정녕 내 뱃속에서 나온 게 맞나 싶은 마음이지요.

하나님도 마찬가지 아니실까요? 제가 좀 더 현명한 질문을 드렸다면 하나님은 제 기도에 좀 더 즉각적이고 다양한 방법을 통해 답을 주지 않으실까 생각하기 시작했습니다. 그래서 선택에 있어 제 기본을 세워 보기 시작했습니다. 무엇이 더 중요한 것일까? 우선순위의 법칙을 써봅니다.

"십일조를 할까? 쇼핑할까?"

이런 고민을 한 적이 있었어요. 그런데 지금은 고민조차 할 필요가 없지요.

"이번 달만 십일조를 안 하면 어떨까?" 이건 쓰레기 같은 생각입니다. 아이는 저에게 용돈을 받습니다. 조건은 용돈 기입장을 기록하는 것이죠. 조건은 하나입니다. 그런데 이번 달 아이는 그 약속을 지키지 않았는데 제가 아이에게 한 약속을 지켜야 할 이유가 있을까요? 하나님 마음도 이와 같지 않을까요?

십일조는 하나님이 돈과 관련해 우리에게 하신 약속이 아니라 명령입니다. 무조건 절대복종입니다. 그 명령에 불복종하는데 뭐가 예뻐서 부의 축복을 부어 주실까요? 부자가 되어도 하나님이 기뻐하시는 부자가 되지 못할 게 안 봐도 뻔한데 왜 물질의 축복을 주셔야 할까요?

그건 자식을 망치는 지름길이잖아요. 저 같아도 그런 일은 안 할 겁니다. 약속을 지키지 않는 아이에게 아무런 이유 없이 용돈을 준다? 거기다 용돈을 올려준다? 그랬다간 아이는 아무런 노력 없이 평생 저에게 용돈만 타 먹으려 할 겁니다. 돈이 많고 적음과는 상관없이 그건 아이를 위해 옳은 일이 아님이 분명합니다.

기도의 응답이 없다는 건, 하나님이 나를 생각하지 않기 때문이 아니라 애초부터 기도가 잘 못 되어있어서 일지도 모릅니다. 대답할 가치가 있는 걸 물어보세요. 매일 하나님께 "하나님 저 라면 먹을까요? 밥 먹을까요?"라고 물어보지 않잖아요. 질문의 깊이를 보면 그 사람의 깊이가 보입니다. 기도의 깊이가 당신의 신앙의 깊이가 아닐까요?
목소리에 힘을 좀 넣고 이야기할게요. 제발 말도 안 되는 질문 좀 하지 마세요. 그래놓고는 하나님 뜻대로 하길 원합니다. 이건 또 무슨 소리인가요? 그 정도 신앙의 깊이는 신실하신 목사님 정도나 돼야지 할 수 있지 않습니까? 겉멋만 들어서는 하나님께 거짓말하지 마세요. 뜻대로 하겠다 해 놓고 입맛에 안 맞으면, 마음에 안 들면, 힘들 거 같으면, 바로 포기하고 딴청 피우고 모른 척하잖아요. 하나님이 수도 없이 매일 속으신다고 생각해보세요. 얼마나 피곤하고 힘드시겠어요. 멋있어 보이는 기도만 배워서는 겉멋만 부리고 있지 않은가요? 우리 이제 허세기도 같은 거 하지 맙시다.

그렇다면 저는 기도를 어떻게 하냐고요? 음, 이렇게 이야기하면 정말 할 말이 없는데 저는 딱히 기도하지 않아요. 저는 하나님께 바라는 게 없습니다. 하나님 이렇게 해 주세요. 저렇게 해 주세요. 라고 이야기하지 않아요. 물론 부장님 기도도 하지만 평소 버전으로는 이렇게 이야기합니다.

"하나님 맛있는 밥 주셔서 감사합니다."
"오늘 운전을 시작합니다. 안전하게 운전할게요."
"하나님 저 지금 너무 행복해요. 덕분입니다."
"아버지 저에게 이런 기회를 주셔서 정말 감사합니다. 열심히 할게요. 지켜봐 주세요."
"저는 부족합니다. 하지만 모든 일이 너무 잘 되고 있어요. 이게 다 하나님 덕분이겠지요?"
"이런 마음이 생겨 마음이 불편합니다."
아…. 바라는 기도가 하나 있군요. 제가 몸이 아플 때입니다.
"하나님 아파요. 아프지 않게 해주세요."라고 기도하다가 문득 생각이 바뀝니다.
"아…. 하나님 제가 지금 무리하고 있군요. 그래서 제가 걱정되시는군요. 쉬라는 거군요. 알겠습니다. 무리하지 않고 쉴게요. 이 순간의 고통으로 저를 깨닫게 하셔서 감사합니다."

징징거리거나 보채거나 난리 치지 않아요. 제 맘대로 일이 잘 안되었다고 낙심하거나 슬퍼하지 않아요. 그건 하나님이 기뻐하지 않으실 것 같거든요. 지금의 낙심과 슬픔이 결국은 기쁨과 감사가 될 일이란 걸 분명 알고 있습니다. 그러니 크게 동요할 일이 없더군요. 그리고 슬픔, 분노, 짜증, 낙담 등의 부정 에너지가 제 맘속에 들어오는 게 싫어요. 예쁜 모습만 보여 드리고 싶어요. 방실방실 웃으면서 평생 귀염 받고 싶어요. 하나님은 우리가 행복하길, 즐겁길, 웃으며 하나님을 바라보길 바라실 뿐입니다.

멍청한 기도가 아닌데도 응답이 없으시다는 건 '기다려'의 의미일 수도 있지요. 아니면 이미 답을 줬는데도 못 알아먹으니 하실 말씀이 없는 걸지도 모릅니다. 그렇다면 하나님의 응답을 어떻게 하면 잘 알아들을 수 있을까요?

마일리지를 쌓으세요. 신뢰를 쌓으세요. 하나님이 기뻐하시는 일을 그냥 하세요. 때때마다 의심하고 쓸데없는 소리 할 시간에 하나님을 웃게 해 드리세요. 죽었다. 생각하고 말씀을 읽으세요. 이미 수도 없이 성경으로 이야기를 해 주셨는데도 도통 들을 생각이 없는 거잖아요. 항상 기뻐하라 하셨는데 맨날 슬퍼하잖아요. 쉬지 말고 기도하라 했는데 주세요. 기도만 엄청 열심히 하고 하나님 음성 들을 생각도 없이 자기 이야기만 달랑하고 자리를 뜨잖아요. 범사에 감사하라 했는데 쉬지 않고 불평만 하고 있잖아요. 하라는 거 하나도 안 하면서 하나님은 왜 당신에게 매번 즉각 대답하셔야 합니까? 하나님의 마음이 얼마나 외롭고 아픈지 신경도 안 쓰면서 왜 맨날 돈 달라 건강 달라 행복 달라 하십니까? 물질의 축복은 어떻게 받는지 장수하는 선조들은 어떤 삶을 살았는지 다 알려주셨잖아요. 말 해줘도 안 하면서 왜 불평만 하고 하나님 얼굴을 찌푸리게 하는지 생각해보자고요. 그러면 나쁜 겁니다. 혼나요. 저도 모르게 울컥했네요. 기도에 응답이 없는 이유는 하나님이 바쁘셔서가 아닙니다. 하나님이 당신을 사랑하지 않으셔서가 아닙니다. 기도는 대화이고 대화는 즐거워야 합니다.

4장
하나님 머니는 어디쯤

십일조 라이프

하나님 부자가 지켜야 할 0순위

하나님 부자 이야기를 하면서 돈 이야기를 안 할 순 없겠죠. 이제부터는 좀 더 직접적으로 돈과 관련된 이야기를 해 볼게요. 하나님 부자가 되고 싶다면 지켜야 할 0순위입니다. 심호흡 한번 하고 이야기를 이어 나가볼게요.

밥상머리 교육이란 단어를 들어보신 적 있으세요? 얼마 전부터 학교에서 많이 쓰는 용어인데, 말 그대로 부모가 밥상에서 아이들에게 교육하는 걸 말합니다. 핵가족화가 되고 서로 바빠 얼굴 볼 시간이 점점 줄어들다 보니 그나마 가정교육을 할 수 있는 시간과 장소가 밥상이 유일하다는, 알고 보면 꽤 씁쓸한 이야기이기도 하죠.

저는 밥상머리 교육을 꽤 많이 받은 편이에요. 아빠가 식사를 늘 집에서 하셔서 -삼시 세끼 밥상을 차려내신 어머니께 진심으로 고개 숙여 존경을 표합니다. 세상에서 가장 위대한 아내라고 생각해요- 밥상에서 다양한 교육을 받았는데요. 물론 부모님이 강조하거나 주의하라고 하신 적은 없지만, 자연스레 알게 된 삶의 비결 같은 거죠. 그 내용은 수도 없이 많겠지만 제가 이야기 드리고 싶은 건 딱 한 가지입니다. '십일조 제대로 안 하면 제대로 망해요'

교회는 이중성이 있어요. 뭐 어디나 마찬가지겠지만 말이죠. 행복하지 않으면서도 행복한 척하죠. 슬프지만 그 슬픔을 표현할 수 없는 곳이라고나 할까요. 이 이야기를 들으시면 하나님 마음이 찢어지게 아프실 것 같아 죄송한 마음이 드네요. 암튼 밥상머리에서 수십 년 보고 들은 이야기는 십일조의 중요성입니다. 십일조가 정말 중요한데 교회에서도 목사님들이 십일조 이야기를 설교 시간에 하시는 걸 좀 꺼리시죠. 물론 저도 마찬가지일 겁니다. 설교 시간에 돈 내라고 이야기하는 것 같이 느껴지니까요. 하지만 당신이 물질의 축복을 받고 싶다면 무조건 지켜야 할 일은 십일조입니다. 아무리 잘나가고 떵떵거리며 사는 분이 있다 하더라고 십일조 제대로 안 지키면 하루아침에 망합니다. 200만 원 벌어 20만 원을 십일조 한다? 누군가에게는 쉽지만, 누군가에겐 어려운 일이겠죠. 매달 20만 원씩, 일 년 적금을 넣는다고 하면 240만 원이니 꽤 큰돈이라 생각 드실 거예요. 벼룩의 간을 빼 먹으라 하지… 하는 마음도 드실 겁니다. 한 500만 원 벌면 50만 원 정도는 십일조 제대로 할게요. 생각하실 수도 있습니다만 틀렸습니다. 그런 정신상태로는 아무것도 못 합니다. 하나님은 정확하게 말씀하셨어요. 십일조를 제대로 안 하는 건 도둑질이라고요. 아무리 좋은 일 많이 해도 범죄자는 그 죄를 씻을 수 없어요. 도둑질하고 싶으세요? 아무리 예쁜 딸이라고 한들 그 딸이 범죄를 저질렀다 칩시다. 모르고 한 것도 아니고 뻔히 알면서도 저질렀다? 그런 짓을 왜 하시죠? 20만 원에 벌벌 떠는데 50만 원 십일조 할 수 있다고요? 그럴 수 없어요. 50만 원 십일조에 벌벌 떠는데 500만 원 십일조 할 기회가 올까요? 그런 일은 절대 일어나지 않을 겁니다.

십일조를 어떻게 하는지 모르시는 분들도 많으시더라고요. 간단합니다. 한 달 수익의 10분의 1일 정확히 십일조로 드리면 됩니다. 월급 받으면 명세서가 나와 있잖아요. 198만 원이라고 하시면 19만 8천 원을 십일조로 하시면 됩니다. 세금은 어떻게 하냐고요? 그건 뭐 알아서 하세요. 세금 뗀 순수 금액에서 십일조를 하시고요. 나중에 연말정산으로 돌려받는 금액이 있으면 그만큼 십일조를 하시면 돼요. 19만 8천 원을 어떻게 합니까? 하시면 20만 원으로 하세요. 20만 1천을 해야 하는 상황이면 20만 원을 하시고 천원은 다음 달로 이월해 놓으세요. 21만 원 하셔도 좋고요. 중요한 건 천 원이라도 잊지 않고 정확히 하는 겁니다. 대충 하지 마세요. 우리가 나라에 세금 낼 때 국세청이나 세무서 지로용지대로 안 내고 제멋대로 깎아 낼 수 있나요? 그럴 수 없잖아요. 마찬가지입니다. 사실 더 정확하게 지켜야 할 일이죠.
사업하시는 분들은 십일조 계산이 어려워 일 년 대략 순수익을 생각하시고 그걸 12달로 나눠 같은 금액으로 십일조를 하시는 분도 보았습니다. 저 같은 경우는 매월 1일부터 말일까지의 수익을 다 더하고 10분의 1을 합니다. 101만 4천 원이 되면 1만 4천 원을 다음 달 장부에다 적어 놓기도 하고요. 98만 7천 원이 되면 그냥 100만 원을 합니다. 더는 하되 덜 하진 않는다는 법칙이 있죠. 왜냐고요? 여러 번 당해봤어요.

주차장 관리를 하시는 분이 저에게 타이어가 이상하다고 카센터에 가봐야 할 것 같다고 알려주시더군요. 타이어 옆면이 달걀처럼 볼록하게 툭 튀어 올라왔더라고요. 순간 딱 이런 생각이 들더군요.
'쓸데없이 돈 나갈 데가 생기겠는 걸…. 왜 그렇지?'
24만 원 수리비가 나왔습니다. 그런데 그거 아세요? 그게 딱 제가 놓친 십일조 금액이었다는걸요. 이런 비슷한 일을 몇 번 겪었죠. 일부러 넘긴 게 아니라 제가 정말 놓친 부분이었는데 하나님은 저에게 상황을 바로잡을 기회를 주시더군요. 이건 마이너스죠. 쓸데없이 나간 돈 24만 원에 카센터 왔다 갔다 시간과 에너지를 썼죠. 게다가 계산 실수로 놓친 십일조 24만 원은 당연히 해야 하는 거죠. 그래서 십일조 계산을 할 때는 뭐 하나 빠트리지 않으려고 바짝 신경을 씁니다. 계획에 없던 돈이 나가는 경우는 한 번 더 곰곰이 생각해 봅니다. 제가 뭐 실수 한 부분이 있는 게 확실하니까요. 석유 왕 록펠러는 십일조를 정확히 드리기 위해 회계직원이 수십 명이라고 하더군요. 아… 저도 그러고 싶습니다.

경제적으로 안정감을 얻고 싶으세요? 물질의 축복을 받고 싶으세요? 백만 원씩, 천만 원씩 십일조 해 보고 싶지 않으세요? 20만 원 십일조에 벌벌 떨지 마세요. 하나님은 쪼잔하게 당신 십일조 20만 원에 기뻐하시는 분도, 잘 했다 칭찬하시는 분도 아니세요. 십일조는 칭찬받을 일이 아니라 안 하는 게 무조건 잘못입니다. 십일조 안 하고 절대 잘 먹고 잘 사는 일 없을 겁니다. 그니까 그냥 하세요. 머리 쓰지 말고 고민하지 말고 하세요. 형편 나아지면 하겠다는 말 다 거짓말입니다. 돈이 없다고요? 브랜드 커피 끊고 가루 커피 드세요. 헬스장 대신 홈트 하세요. 소고기 먹지 말고 햄 드세요. 이렇게 선택하실 수 있는 부분에서는 알아서 하시면 됩니다. 십일조는 협상의 대상이 아닙니다. 선택권이 없어요. 오로지 순종! 내 돈이 아닙니다. 남의 돈에 아버지 돈에 눈독 들이지 마세요. 명백한 도둑질입니다.

목에 칼이 들어와도 이것만은 꼭

십구조라는 단어를 들어보신 적 있으세요? 미국 사람들은 십구조를 한다고 하더라고요. 물론 모든 사람이 십구조를 하진 않겠지만 자기 수입의 10분의 9를 하나님께 드려도 생활이 탄탄한 사람들이 있다 하더군요. 물론 제가 직접 눈으로 본 게 아니라 들은 이야기예요. 중학교 3학년 때 전국단위 여름방학 비전 캠프에 참석한 적이 있었는데 거기 오신 목사님께서 <십구조를 하는 사람이 되어라> 라는 주제로 설교를 하셨답니다. 태어나 그런 단어가 있는 줄 그때 처음 알았어요. 십일조가 아니라 십구조라니 이게 도대체 말이 됩니까? 당연히 말이 되죠. 잘 생각해보세요. 한 달에 10억을 벌어 9억을 헌금하는 십구조의 삶을 살고 싶으세요? 아니면 한 달에 100만 원 벌어 10만 원 십일조 하고 싶으세요? 비약적인 비교일 수 있지만 십구조를 하는 사람들은 단순합니다. 십의 구를 드려도 풍족하게 살 수 있기 때문이겠죠. 그냥 한마디로 엄청나게 돈을 벌어들이는 거죠. 세상에, 그런 사람들이 있구나! 참으로 놀라웠습니다. 그래서 미국이 강대국인가 하는 생각도 들었죠. 자기 재산을 기부하는 사람들, 이웃을 위해 내 것을 기꺼이 내어주는 사람들이 멋진 사람들이란 생각이 들었어요.

끝까지 하나님의 복을 받고 부자가 되고 싶다면 목에 칼이 들어와도 십일조는 무조건 해야 합니다. 십일조가 핵심입니다. 교회 봉사 헌신 충성 다 좋아요. 성가대 하시고 교회 청소하세요. 좋습니다. 그런데 그런다고 물질의 축복을 받진 않아요. 하나님께 마일리지를 아무리 열심히 쌓는다 해도 십일조 안 하시면 말짱 도루묵입니다. 어떻게 아냐고요? 제가 평생 부모님의 대화를 통해 얻게 된 놀라운 진리가 바로 십일조거든요.

부모님이 목회자이시니 교회 재정이 어떻게 돌아가는지 당연히 잘 알고 계셨고 교인들의 집안 사정도 잘 알고 계셨어요. 밖에서는 늘 입이 무거우신 분들이고, 제 앞에서도 말씀을 아끼시는 분들이었지만 저도 눈치라는 게 있잖아요. 대부분 저희 남매가 안 듣는 곳에서 이야기하시려고 했지만, 눈치가 생기면서 장로님 권사님 집사님 이름이 없어도 누구 이야기인지 어떤 일이 일어나는지 정도는 알게 되었죠. 자연스럽게 하나님이 선택한 부자의 삶을 가까이서 지켜볼 수 있었습니다.

하나님이 절대로 대충 넘어가지 않으시는 게 십일조입니다. 하늘이 허락한 부를 받는 조건은 무조건 십일조입니다. 십일조를 하지 않는데 하나님이 복을 주신다? 그럴 수 있어요. 하지만 그건 얼마 못 가는 신기루일 뿐입니다. 혹은 하나님의 자신의 자녀라고 인정하지 않고 있는지도 모르죠. 이분법적 사고라 생각하시겠지만 '예스와 노'는 무조건 존재하니까요.

초등학교 때부터 십일조를 철저하게 했어요. 제 마음에는 그때부터 부자가 되고 싶단 생각이 있었나 봐요. 학창시절 저는 돈 모으는 것을 참 잘했어요. 맏딸이라 그랬는지 그게 저의 성향이었는지 엄마를 보고 배워서 그런 것인지 암튼 저는 근검절약하는 법을 삶으로 배웠죠. 십일조를 철저히 한 저는 어릴 적부터 돈이 꽤 많았습니다. 대학 시절 미국으로 인턴쉽을 가는 것도 부모님의 도움 없이 제가 모은 돈으로 다녀왔어요. 미국에서 생활하려니 자동차가 필요하더군요. 그때 부모님께 빌린 돈이 제 인생에서 처음이자 마지막이었어요. 물론 그 돈은 당연히 갚아 드렸답니다. 결혼도 부모님의 도움 없이 제가 모은 돈으로 했죠. 그런데 자랑하고 싶은 건 결혼 전 이야기입니다. 결혼하면 이제 제가 부모님께 뭐든 맘껏 해 드릴 수 없겠다는 생각이 들더군요. 새로운 가정을 이룰 테니 그 가정에 당연히 집중해야 한다고 말이죠. 그런 생각이 드니 시집가기 전 부모님께 뭔가를 해 드리고 싶었어요. 그래서 저는 아버지께 검은색 소나타를 선물했습니다. 개인적으로 훨씬 더 좋은 차를 사 드리고 싶었는데 한사코 본인은 소나타를 고집하시더군요. 암튼 그렇게 맘 편하게 시집을 갔어요. 추측하지 않아도 부모님 친구분들은 저 때문에 은근 배가 아프셨을 거예요. 통장에 돈이 마른 적이 없었어요. 친구들에게 퍼 줄 만큼은 아니었지만 비교적 탄탄한 잔액을 가지고 있었죠. 이 모든 게 가능한 이유는 십일조를 철저하게 했기 때문이라 말씀드리고 싶어요.

개인적으로 부자는 나쁜 사람이라 생각했어요. 교회에 다니면서 부자가 되고 싶다고 이야기를 하는 건 옳지 않다고 생각했죠. 한국 사회에서 게다가 교회에 다닌다면 더더욱이나 돈에 관해 이야기하는 것이 격 떨어지는 일이라 여기고 터부시하는 문화를 가지고 있으니까요. 그런데 제 생각이 짧았어요. 부자에 대한 저의 잘못된 편견이 제 발목을 잡은 것뿐이죠. 나쁜 부자가 판치는 세상에 살기 때문에 부자에 대한 생각이 나빴던 거죠. 돈 많다고 남에게 갑질이나 하고 온갖 나쁜 일은 뒤에서 다 하는 사람들이 많다 보니 그런 생각이 들었나 봐요. 하지만 세상에는 착한 부자도 많습니다. 티 내지 않게 이웃을 생각하시고 하나님의 일을 하시니 저희가 알지 못할 뿐이지요.

아버지 입장을 한번 생각해볼까요? 아버지는 제가 맨날 빌어먹고 없이 살면서 돈이 없어 징징거리는 삶을 살게 하고 싶으실까요? 물론 그런 상황이 저에게 왔어요. 그래서 더 확실히 깨닫게 된 건 하나님은 제가 그렇게 살길 바라지 않으신다는 겁니다.

모든 문제는 제게 있었어요. 십일조가 늘어나면서 제 수익이 늘어나면서 저는 검소한 생활을 버리기 시작했어요. 돈을 펑펑 쓰기 시작한 겁니다. 사치와 허세를 부렸죠. 남을 위한 돈을 쓰기는커녕 오로지 저 자신을 위해 있는 척하고 싶어 돈을 펑펑 쓰기 시작했어요. 돈의 노예가 되어가고 있었죠. 정확한 타이밍에 하나님은 절 내리치셨고 제가 가진 가질 수 있는 모든 물질의 통로를 중지하시고는 철저히 훈련하셨죠. 절제하고 인내하는 마음과 환경을 주셨어요. 돈 돈 돈 하지 않고 하나님 하나님 하나님 하는 삶으로 인도해 주셨음을 고백합니다. 몇 년 동안 돈 때문에 힘들어 보니 더 정확히 알게 됩니다. 하나님은 제가 없이 사는 걸 원하시지 않아요. 하나님은 저에게 주실 물질의 축복을 쌓아놓고 저를 기다리고 다는 것요. 물질의 노예가 되어 살지 않을 수 있는 능력을 검증하고 계시는 겁니다.

어떻게 능력을 검증하는 걸까요? 그 첫째는 주인과의 약속이죠. 십일조를 하는 건 약속이지요. 두 번째로는 주인의 돈을 현명하게 쓸 능력이 있느냐? 입니다. 1달란트를 제대로 쓸 줄 알아야 5달란트를 맡깁니다. 하나님이 돈을 저에게 주시는 게 아니라 잠시 제게 맡긴 거예요. 그게 다 내 돈이라 생각하는 순간 다시 다 가져가시더군요. 그래서 현명한 소비가 필요합니다. 그 과정이 반복되고 돈의 노예가 아니라 현명한 종이라 인정받을 때, 비로소 주인은 종에게 100달란트를 쉽게 맡기시더군요.

200만 원을 벌면서 불평하지 마세요. 능력보다 소득이 너무 작다고 불평 마세요. 적은 소득에 불평하면서 십일조 할 돈도 없다 하지 마세요. 그런 태도를 사시면 평생 그렇게 살아야 할 겁니다.

목사님만 아는 하나님 부자의 비밀

열 손가락 깨물어 안 아픈 손가락 없다고 하지만 유독 더 아픈 손가락이 있죠. 진짜 그럴까 싶어 왼손을 입으로 가져가 하나씩 깨물어 봅니다. 생각과는 다르게 엄지손가락이 새끼손가락만큼이나 묵직한 아픔이 있네요 - 저를 따라 손가락을 깨무는 여러분의 모습이 그려지는데요. 손은 씻으셨죠? - 열 손가락 표현은 여러 자녀를 키우는 부모 마음을 이야기할 때 잘 쓰는데요. 학부모님들과 상담을 하면서 과연 그 말이 사실이구나 하는 생각이 들더군요. 특별히 더 정이 가는 자식이 있고, 마음이 좀 덜 쓰이는 자식이 있는 게 어찌 보면 당연한지도 모릅니다.

하나님은 어떠실까요? 아마도 목사님과 전도사님 선교사님들이 유독 더 아픈 손가락이 아닐까 합니다. 하나님의 일을 앞장서서 하시는 교역자들을 보면서 참 대단하다는 생각을 많이 합니다. 아빠가 목회자라서 더 그런 마음이 들 수도 있겠지요. 누구의 편을 들겠다는 생각이 아니라 제가 보고 느낀 것뿐이니 먼저 양해를 구할게요.

아빠가 목회자라서 섭섭한 게 딱 하나 있었는데 제가 가지고 싶은 걸 사 달라고 말할 수 없다는 것이었죠. 맏딸의 책임감은 아무도 강요하지 않았지만, 자연스레 생겨나는 거더군요. 장난감을 사 달라고 떼를 쓴 적이 없어요. 철드는 속도가 남들보단 좀 빨랐죠. 그래서 하나님께 따진 적도 있어요.

"하나님, 하나님의 일을 제일 우선으로 생각하는 사람들이 왜 이렇게 가난하게 살아야 하는 걸까요? 좀 치사하지 않아요? 예배 한 번 빠지지 않고 늘 기도하고 헌신하는 사람이 우리 아빠예요. 우리 가족의 일보다 교인들의 일에 더 애쓰는 사람입니다. 하나님 보시기에 더 없이 정직하고 최선을 다해 하나님 사랑을 표현하는 사람인데 좀 있어 보이게 아니 적어도 풍족하게 살면 안 됩니까? 이렇게 찌질하게 살아야 하는 거냐고요."

이런 질문에는 답이 없으세요. 무한 대기 상태로 답답한 마음을 안고 살아야 합니다. 하나님으로선 답할 이유가 없는 멍청한 질문이기 때문이란 걸 이제는 잘 알고 있지만요. 아무튼, 시간이 한참 지나 하나님이 저에게 주신 답은 이렇습니다.

'음…. 목회자들은 네가 생각하는 그런 결핍을 수도 없이 겪으면서 내가 그들을 얼마나 사랑하는지 매일 알아차리고 있단다. 다른 것을 의지하지 않고 온전히 나만 의지하는 훈련을 하는 셈이지.'

세상에서 등 따시고 배부를수록 하나님과 멀어질 수 있다는 이야기겠지요. 하나님의 센서가 고장이 날 수 있으니까요. 자칫 그러다 다른 것에 의지하고 방패 삼아 살 수 있으니까요. 세상의 풍족함에 익숙해질 수 없는 상태, 늘 적당한 허기를 가지고 있는 상태에 있게 하시는 겁니다. 그래야 모든 음식이 진수성찬이니까요. 아마 물도 맛있을 겁니다. 그래서 하나님은 목회자에게 높은 연봉 대신 사람을 보내주시나 봅니다.

부모가 되고 아이를 키우면서 엄마가 참 대단하다고 생각했습니다. 박봉으로 우리를 어떻게 키우고 먹여 살리셨을까? 계산기를 아무리 돌려도 마이너스 생활고인데 그렇지 않았기 때문이죠. 우리 집에 빨간 딱지가 붙지 않은 이유는 바로 하나님의 사람들을 지키는 또 다른 하나님의 사람들이 있었기 때문입니다. 이들은 자신이 가진 것을 교역자들에게 배달해 주는 역할을 합니다. 명절에 만든 음식을 나누는 사람들부터 시작해서 이유 없이 현금 100만 원을 주시는 분들까지 그분들의 역할은 다양하고 세세합니다. 사랑과 존경을 담아 표현하기 거리낌이 없는 사람들이지요.

교역자의 필요를 채우시는 것이 하나님을 기쁘시게 할 뿐 아니라 하나님의 부자가 되는 지름길이기도 합니다. 40년을 살면서 옆에서 지켜봤습니다. 교역자들에게 잘하는 건 투자의 개념을 넘어섭니다. 복리 이자보다 훨씬 더 강력합니다. 하나님 이자가 불어나기 때문입니다.

교회 사역에 힘쓰시는 분들의 필요를 채워주는 사람들은 확실히 하늘의 복을 받습니다. 자세하게 이야기를 하고 싶은 마음도 있고 적당히 여기서 덮고 넘어가고 싶은 마음이 충돌하네요. 더 이야기하자니 뭔가 너무 편파적인 듯하고 이야기를 접자니 맛보기 비밀누설 같기 때문입니다. 그래도 계속해 볼게요.

아빠에게 이야기했어요.
"아빠, 목회자들에게 잘 하는 사람들이 하나님의 큰 축복을 받는 걸 저는 확실히 알고 있는데, 왜 이런 사실을 사람들에게 설교 시간에 하지 않는 거죠? 진짜 중요한 일인데 알려주지 않으면 아무도 모르잖아요."
아빠는 하하 웃으시더군요. 어린 딸의 질문이 놀랍기도 하고 뭔가 쑥스럽기도 할 겁니다. 하긴 우리 교회 목사님이 설교 시간에 <목사한테 잘하면 복을 받습니다> 라고 이야기를 하면서 이건 복리 이자와는 비교가 안 되는 하나님의 이자예요. 그러니 저에게 투자하세요. 라고 했다면 저도 그 교회를 떠났을 겁니다. 사이비라고 비난했겠죠. 그렇다고 이 비밀을 저만 알고 있으면 안 되겠다 싶어 계속할게요.
하나님의 이자를 받으십시오. 교역자들의 필요를 채워주세요. 무조건 돈을 이야기하는 게 아닙니다. 각자의 필요는 저마다 다 다르니까요. 누군가는 인정의 말이 필요하고 존경의 눈길이 필요할 겁니다. 감사의 인사가 필요하고 묻지도 따지지도 않는 믿음과 섬김이 필요할 겁니다. 그걸 어떻게 아냐고요? 관찰하면 보입니다. 마음이 움직인다면 손과 발을 움직이세요. 한번 해 보시면 제가 무슨 말을 하는지 정확히 아실 겁니다. 교역자들은 누구나 분명하게 알지만 차마 여러분께 하지 못하는 비밀이었습니다.

과자 부스러기만 먹어도 배불러요

머리카락이 하얗고 얼굴도 하얀 노신사분이 옆집으로 이사를 왔어요. 이삿짐이 들어오는 날 그분을 뵙고 가볍게 인사를 건네는데 한눈에 봐도 아우라가 딱 느껴지더군요. 며칠이 지나 동네 주민들 얘기를 들어보니 그 노신사가 말도 못 할 부자인데 전에 살던 집에 큰불이 나서 사고로 가족을 다 잃었다고, 그래서 살던 동네를 떠나 작은 집으로 이사를 오셨다더군요. 더 놀라운 건 재산을 상속받을 사람을 찾는 중이라고도 했어요. 저는 이 이야기를 듣고 집으로 올라가 냉큼 엄마가 주신 김장김치를 챙겼습니다. 꿍꿍이가 너무 보이려나 싶다가도 용기를 냈죠. 옆집 벨을 누르려는데 글쎄 현관문이 살짝 열려있는 거예요.
"안녕하세요. 옆집에서 왔어요. 계세요?"
인기척이 전혀 들리지 않더군요. 좀 있다 다시 찾아와야겠다 싶은 마음에 문을 닫으려고 하는데 집 안쪽에서 자그마한 고양이 울음소리 같은 게 들립니다.

"안에 누가 계세요? 무슨 일 있으세요?"
뭔지 모를 불길한 기분이 스치더군요. 냅다 안으로 뛰어 들어갔습니다. 아니나 다를까 그분이 화장실 바닥에 쓰러져 계신 겁니다.
"어머! 괜찮으세요? 119 부를까요?"
다행히 더 큰 일은 일어나지 않았어요. 화장실 바닥에 물기가 있었는데 그만 발을 헛디디면서 미끄러졌다고 하시더군요. 그래서 제가 어떻게 했을까요? 수건으로 화장실 바닥을 물 한 방울 없이 깨끗하게 다 닦았습니다. 우리 집 화장실요? 한 번도 그렇게 열심히 닦아 본 적이 없죠.

여러분이라면 어떻게 하시겠어요? 제 모든 행동이 이해가 가실까요? 네! 재산에 눈이 어두워 무슨 일이라도 할 수 있었어요. 아마 똥을 닦아 달라고 해도 저는 표정 하나 찌푸리지 않고 했을 겁니다.
이 이야기는 물론 제가 지어낸 겁니다. 1000억대 부자에게 잘 보이고 싶은 인간의 욕망은 저에게만 있는 게 아닐 겁니다. 그런데 말이죠. 하나님을 생각해봅시다. 과연 하나님의 재산은 얼마나 될까? 돈으로 환산할 수나 있을까 싶어요. 그런데 우리는 그런 하나님께 얼마나 잘 보이려고 하는지 스스로 생각해보면 좋겠습니다. 제가 너무 돈, 돈 하는 사람이라고요? 네 저는 돈, 돈 하는 사람 맞습니다. 돈이 세상을 살아가면서 꼭 필요하다는 걸 잘 알고 있어요. 하지만 돈이 일등이 아니라는 것도 잘 알지요. 저는 돈 돈보다 '하나님, 하나님' 하는 사람이 되고 싶어요.

다시 부자 할아버지 이야기를 해 볼까요? 그분이 죽으라면 죽는 시늉은 하지 않을까요? 잔심부름은 당연하고 그분의 필요를 미리 알아채서 어떻게든 잘 보이고 싶은 마음을 최대한 표현할 겁니다. 콩고물이 떨어진다고 생각하니까요. 조금만 생각해 보면 당연한 건데 우리는 중요한 사실을 놓칩니다. 하나님 밥상 밑에 있는 과자 부스러기는 어떨까요? 더 이야기할 필요가 없겠죠. 무엇이 더 중요한지 무엇이 더 큰지 생각해 봅시다. 하나님은 늘 우리에게 더 큰 것을 주고 싶어서 하세요. 하나님 관점에서 자녀에게 뭔가를 주는 것에 아낄 이유가 없으시잖아요. 하나님께 잘 보여 봐요.

교회에 이런 분이 있으실 거예요. 잘 생겨서 예뻐서가 아니라 얼굴에 훤하다. 눈에서 빛이 난다. 음성이 맑다. 즐거워 보인다. 이야기를 듣자 하니 부자라고 한다. 그냥 닮고 싶은 어른들이 있다면 꼭 가서 여쭤보세요.
"장로님, 권사님, 집사님, 하나님께서 당신에게 물질의 축복을 주신 이유가 뭐라고 생각하세요?"
십일조라고 바로 대답하시는 분이 있다면 그분은 앞으로도 더 큰 부자가 될 겁니다. 교회에서 십일조를 잘하는 사람들은 무조건 더 많은 십일조를 하게 됩니다. 어떻게 아냐고요? 제가 산증인이거든요.

돈을 많이 버는 사람들이 성공하는 게 아니라 돈을 잘 쓰는 사람이 성공합니다. 교회에서 행복한 부자들을 보면 물질을 어디에 써야 하는지 정확히 알고 있는 분들입니다. 여러분들이 모를 수 있는 일들을 저는 식탁에서 들었죠. 태풍이 와서 교회 십자가가 날아갔을 때 누가 얼마나 어떻게 지원을 해 주셨는지, 교회 식당에 테이블을 새로 사야 할 때 어느 분이 찬조하셨는지 등등 요. 교회 살림을 살다 보면 예기치 못한 일들이 일어나 긴급 재정이 필요한 곳이 있기 마련이죠. 교회에 돈이 있더라도 살림살이에 맞춰 예산이란 것이 있거든요. 있는 돈이라고 마구잡이 써 버리면 안 되는 거죠. 그래서 예기치 못한 상황에는 누군가의 협력이 아주 중요합니다.

이분들에게는 또 큰 특징이 있어요. 베풀기를 즐겨 합니다. 성가대 회식을 시켜주시거나 주일 학교 선생님들께 커피를 사 주신다거나 하는 것들이죠. 제가 제일 좋아하는 장로님도 늘 그랬습니다. 늘 저희에게 뭔가를 사 주셨어요. 그리고는 활짝 웃으면서 늘 수고 많으십니다. 애써주셔서 감사합니다. 덕분에 너무 좋습니다. 이런 말들을 늘 해 주셨답니다. 하나님은 천사님은 그걸 다 보고 계시겠죠.

게다가 이분들은 하나님의 사람들에게 정말 잘 합니다. 깜짝 놀라실 거예요. 이런 것들은 베푼 사람도 소문 내지 않고 받은 사람도 소문 내지 않으니까요. 어떤 일이 있냐고요? 어떤 권사님은 명절마다 소고기를 보내주세요. 어떤 장로님은 양복을 하시라고 큰돈을 주시기도 하지요. 돈이 많아서 그렇겠지 생각하실 겁니다. 아니요. 돈을 현명하게 잘 쓰는 능력이 있어서 돈이 더 들어오는 겁니다. 이건 정말 목사님들도 이야기하기 어려운 부분일 거라 생전 처음 들어보시는 황당한 이야기겠지만 사실이랍니다. 그래서 저도 액션으로 들어갔지요. 결과는요? 물어볼 필요 없이 대성공이죠.

물질 때문에 돈 때문에 참 힘든 시대에 살고 있죠. 3포니 7포 세대니 말이 많잖아요. 포기할 게 점점 넘쳐납니다. 이건요 마귀가 하는 짓이에요. 돈으로 사람 발목을 딱 잡는 거거든요. 제일 쉽고 간단하면서 확실한 방법이거든요. 세상은 앞으로도 똑같이 아니 점점 저 살기 빡빡해질 겁니다. 하지만 시대가 변해도 하나님은 변하지 않아요. 소비하는 기쁨에 빠지지 마세요. 소확행이란 말에 현혹되지 마세요. 쾌락의 기쁨은 진짜 기쁨이 아니에요. 무조건 돈을 쓰지 말고 아끼라는 말이 아닙니다. 나에게 주어진 돈을 이기는 방법을 현명한 소비의 방향을 찾아보세요. 하나님이 맡긴 돈을 어떻게 쓰면 하나님이 기뻐하실지에 집중해 보는 겁니다.

까불지 말고 마음이 시키는 대로

이사로 다니던 교회를 옮겨야 했어요. 어느 교회가 좋을지 고민하면서 여러 교회를 가 봤죠. 인간적인 마음으로 적당히 크면 좋겠다는 생각이 들었어요. 너무 커도 너무 작아도 부담스러울 것 같았거든요. 너무 멀어도 안 되고 너무 가까워도 불편할 것 같았어요. 이런 무식한 마음으로 교회쇼핑을 하는데 딱 여기라는 마음이 안 생기더라고요. 결국, 지역에 있는 교회를 돌고 돌다 집과 제일 가까운 교회, 그것도 가장 작은 교회를 섬기기로 했습니다. 제 속셈과는 전혀 맞지 않은 교회였죠. 교회를 정하고 다니기로 마음을 먹었는데 문득 이런 생각이 들더군요. 제가 얼마나 부족한 사람인지 말씀드려 볼게요. 저도 이렇게 고백하는 저 자신이 참 가소롭고 어처구니가 없고 부끄럽지만 고백합니다.

저는 그 당시 십일조가 권력이라고 생각했습니다. 인간은 늘 숫자 앞에 작아지고 흔들리기 마련이니까요. 당시 십일조를 100만 원 정도를 하던 차였어요. 그런데 작은 교회를 섬기겠다 마음을 먹으면서 제 마음에 들어온 생각이 '이렇게 십일조를 하면 목사님이 나에게 너무 의지하지 않을까? 그렇게 되면 부담인데' 하는 마음이 들었어요. 그런 저를 보시고 하나님은 얼마나 혀를 끌끌 차셨을까요? 저의 무식함을 바로 잡으시더군요. 십일조가 반 토막이 났습니다. 알아차릴 기회를 주셨던 거죠.

'딸아, 네가 번 수익이 다 네가 한 거로 생각하느냐? 어리석다 어리석어. 내가 너에게 준 축복을 잠시 걷어가 주마.' 말씀하신 것 같았어요. 왜냐면 수익이 반 토막이 날 일이 전혀 없는 상황이었거든요. 그런데 정확하게 제가 그런 마음을 먹고 난 그달부터 수익이 순식간에 줄어들더군요. 바로 깨갱 엎드렸습니다.

'하나님, 제가 너무 부족하지요. 제가 뭣도 모르고 까불었습니다. 하나님이 주신 복을 제 발로 걷어차고 있었네요. 죄송합니다. 이런 마음 갖지 않겠습니다. 다시는 이런 말도 안 되는 실수 하지 않을게요.' 회개하니 다시 십일조가 천천히 원상복귀 되더군요. 앞서 말씀드렸다시피 제가 버는 수익은 제가 하는 일이 아닙니다. 다 하나님의 복이죠. 그런 제가 이 돈을 내 힘으로 번다고 착각했죠. 다시 냅다 엎드렸습니다.

명절이 찾아왔죠. 애써 보지 않아도 목사님의 형편이 보입니다. 명절이라 사과 한 박스를 샀습니다. 거기다가 100만 원 현금을 넣어야겠다는 생각이 들었어요. 그래서 5만 원 권으로 20장 빳빳하고 깨끗한 새 돈으로 준비를 했죠. 그런데 또 이런 생각이 드는 겁니다.
'우리 아빠도 목사님인데….'
봉투를 하나 더 꺼냈습니다. 100만 원을 둘로 나눠, 하나를 사과 상자에 넣고 전화를 드렸습니다.
"사모님 집이세요? 잠시 내려오실 수 있을까요?"
사과 상자를 건네 드리고는 차를 돌려 부모님 댁으로 갔습니다. 부모님께 명절선물을 전해 드리고는 다시 봉투 하나를 건네 드렸어요.
"아버지 근데 이 봉투는 아버지께 드리는 게 아니라 목사님께 드리는 뇌물입니다. 그러니까 아버지로서 아니고 목사님으로서 제 기도 많이 해 주세요. 하하하"
그러면서 아까 있었던 일을 말씀드렸어요. 웃으십니다. 하는 짓이 참 아이 같죠. 그래도 하나님은 넓고 크신 분이니까 이 정도는 애교라고 생각하시지 않을까요.

보고 배우는 건 참 중요합니다. 교회 권사님이 아빠에게 하듯 똑같이 목사님께 한우를 사 드렸습니다. 꽃 갈비를 사면서 제 식탁에는 한 팩에 만 원 하는 푸짐한 양념 돼지 불고기를 샀죠. 갑자기 권사님 생각이 났습니다. 저는 권사님이 엄청 부자일 거란 생각했거든요. 우리 집에 명절 때마다 한우를 사서 보내시는 그분의 식탁이 갑자기 궁금해졌어요. 아마도 저처럼 돼지 불고기를 드시지 않으셨을까 생각해 봅니다.

십일조를 100만 원이나 하면서 이런 생색을 낸다고, 나도 그렇게 벌면 그 정도는 하고도 남겠다 생각하실 수 있을 겁니다. 제 자랑 같아서 이런 이야기를 하는 것에 마음이 불편한 것도 있습니다만 그런데도 이렇게 하는 이유는 제가 하나님께 사랑을 받는 비결을 가감 없이 알리고 싶었기 때문입니다. 목사님들이 예배 시간에 이런 이야기를 하진 않을 테니까요. 장로님 권사님 집사님들도 마찬가지겠지요. 오른손이 한 일을 왼손이 모르게 하라 말씀을 늘 따르시거든요. 그 비결이 하나님의 복리 이자를 받는 길이란 걸 이미 그분들은 정확히 아십니다. 자랑하거나 떠벌리지 않으시니 다른 분들이 모를 뿐이죠. 그래서 욕먹을 각오를 하고 용기를 내어 말씀드리는 겁니다.

십일조는 20만 원 하던 시절에도 마음에 불편함이 생기면 그 마음에 따랐습니다. 교회 점심 봉사를 하시는 분들이 좀 더 편했으면 좋겠다고 생각이 들더군요.

"권사님 매주 맛있는 밥을 해 주셔서 정말 감사해요. 그런데 식당일 하시면서 뭐 필요한 거 없으세요?"

"사실…. 행주를 빨고 널고 해야 하는데 손목이 다들 시원찮아서 아기 세탁기 같은 게 하나 있으면 좋겠다. 생각은 들더라고요."

"아, 그러시겠어요. 손목 많이 아프시죠? 그런데도 매주 이렇게 봉사해 주셔서 정말 감사해요."

권사님도 저도 제가 그 세탁기를 사서 주방에 들여놓을 거란 걸 전혀 예상치 못하셨을 거예요. 그런 분위기가 아니었거든요. 그런데 문득 그런 마음이 들었어요. 그래서 그냥 사서 넣었습니다. 교인들이 좀 더 편하게 커피를 드시면 좋겠다 싶어 식당에 작은 커피믹스 기계를 넣어드리기도 했어요. 강대상을 바꿔야 할 때도 제 능력껏 지정헌금을 했어요. 교회 예배당에 십자가가 태풍에 날아갔을 때도 십자가 헌금을 드렸습니다. 월급이 많아서 돈이 많아서 여유가 넘쳐서 가능한 일은 아니었겠죠. 그냥 성령님이 시키는 대로 했어요.

물질을 잘 사용하는 능력 즉 지혜가 필요합니다. 온전히 나를 위해 지혜롭게 쓰는 것도 중요하지만 그 물질을 누군가를 위해 하나님이 기뻐하시는 곳에 적절히 잘 쓰는 지혜로움이 있다는 증명을 꾸준히 했었나 봐요. 그 이유가 아니라면 제 수익이 점점 늘어나는 이유에 대해 딱히 설명할 길이 없거든요.

하나님 신용점수 올리는 법

부자가 되기 위해서는 먼저 종자돈이 필요합니다. 종자돈을 어떻게 만들 수 있을까요? 답은 아끼고 아끼는 수밖에 없어요. 세상의 책에선 돈을 소중하게 여기고 저축하지 않으면 부자가 될 수 없다 하는데 하나님이 보시기에도 마찬가지입니다. 돈을 헤프게 쓰지 않고 저축하는 '절제'가 꼭 필요합니다. 자신의 욕심을 다스리지 못하고, 있는 대로 마구 쓴다면 하나님에게 신뢰가 쌓이지 않습니다. 굳이 이 사람에게 물질의 축복을 줄 필요가 없다고 판단하실 테니까요. 제가 본 하나님 부자들은 이 법칙을 잘 아는 분들이었습니다. 절제는 돈에만 국한되지 않습니다. 시간도 에너지도 마음도 사람도 인생에서 절제해야 하는 부분은 언제나 있으니까요.

돈을 아껴 종자돈을 만들라고 하면 십일조 할 돈에 젤 먼저 눈독이 드는 게 사람 마음이겠지요. 하지만 십일조는 내 돈이 아닙니다. 치사하게 십일조를 내가 쓸 수 있는 가용금액이라고 생각하는 것만큼 어리석은 짓은 없습니다. 하나님은 그런 멍청하고 어리석은 자에게 절대로 복을 내려 주지 않습니다. 그러면 또 이렇게 묻겠지요.
"제가 아는 사람은 십일조를 제대로 하지 않는대도 부자입니다. 왜 그럴까요?"
만약 그 사람이 십일조를 정직하게 한다면 지금보다 더 쉽고 빠르고 확실하게 더 큰 부의 은사를 받을 수 있을 겁니다. 하나님은 한 번에 사람을 쓰러트리지 않습니다. 기회를 여러 번 주시죠. 사람들이 바보같이 그걸 모르고 지나칠 뿐입니다. 혹은 그분의 부모님이 새벽마다 그를 위해 기도하기에 시간을 좀 연장해 주실 수도 있겠지요. 혹은 그 부의 근원이 하나님이 아닌 예도 있을 겁니다. 악의 구렁텅이에 빠져 하나님이 기뻐하지 않는 방법으로 부를 모았다면 정확하게 한 칼에 그 모든 것을 잃는 일이 벌어질 겁니다.

먹고 살기 어려워 저축할 돈이 없다고 할 수도 있겠지요. 저도 마찬가지였습니다. 재산이라곤 가구가 전부였을 때 월 200만 원을 벌었습니다. 아이도 함께였지요. 당시 저는 커피 중독이었습니다. 카페인의 힘으로 버텨내야 했죠. 생각 없이 즐겨 마셨던 브랜드 커피 4100원은 저에게 너무 큰 소비였습니다. 세상에서 가장 작은 커피마저도 저에겐 사치였죠. 리필용 블랙커피 가루와 텀블러를 가지고 다니며 커피를 마셨어요. 물 사 먹는 돈이 아까워 늘 끓여 마셨습니다. 우리가 사소하게 여기는 가볍게 쓸 수 있는 돈들을 그렇게 모았습니다. 종량제 봉툿

값이 아까워 어떻게 하면 쓰레기를 줄일 수 있을까 고민했죠. 방에 있는 쓰레기통을 치워버리고 철저하게 분리수거를 했어요. 직장생활에서 모임 회비가 아까워서 우리 집에서 모였어요. 프랜차이즈 식당 대신 값도 싸고 양도 많은 동네식당에서 음식을 사 왔죠. 그렇게 하면 밥값도 줄이고 찻값도 아낄 수 있었으니까요. 생활비도 줄여나갔습니다. 백화점에서 100만 원짜리 코트도 별 고민 없이 질러대다가 상황이 한순간 바뀌어 버리니 처음에는 저 자신이 너무 초라하고 비참하다 느껴졌어요. 그때부터 습관이 되어 지금도 백화점은 잘 가지 않아요. 뭐든 생각하기 나름입니다. 여전히 제 옷장에는 입지도 않는 처치 곤란한 100만 원짜리 코트가 있습니다. 남에게 주거나 버리거나 기부를 할까도 고민했지만, 그때를 기억하고 싶은 마음에 아직 잘 간직하고 있습니다. 산 지 14년이 되었지만 14번도 입지 않은 그 옷을 보면서 그때를 기억해 봅니다. 참 어리석었구나. 돈이 그냥 생기는 줄로만 알았구나. 사치와 허세를 부리면서 하나님께 감사하기보다 더 많은 걸 달라고 떼쓰기만 했구나!

통신비가 너무 아까웠습니다. 있을 땐 몰랐는데 수중에 돈이 없어지니 눈에 보이는 돈 새는 틈이 아주 많더군요. 2년 약정으로 핸드폰 노예 계약을 하지 않기로 마음먹었죠. 2년 약정이 끝나는 날 저는 바로 알뜰 폰 요금제로 옮겨 탔습니다. 3만 원이 아껴지더군요. 하지만 일 년으로 따지면 36만 원이고 2년이면 72만 원이죠. 3년이 지나 그 핸드폰의 수명이 다하게 되자 저는 핸드폰을 일시금으로 사고 매달 무제

한 통화를 하면서 17000원을 통신비로 씁니다. 집에 쓰는 인터넷이나 텔레비전도 최저비용 요금제로 냅니다. 임대료가 나가는 건 정수기든 프린터든 어떤 것도 쓰지 않습니다. 고정비용은 무조건 아껴야 하는 걸 알았거든요. 물건을 살 때는 카드 할부를 절대 하지 않습니다. 일시금으로 그 물건을 살 수 없다면 무조건 참습니다. 할부는 돈의 노예가 되는 지름길이니까요. 그렇게 자기도 모르게 돈을 우상숭배 하는 상황에 놓이게 되는 거죠.

노트북 이야기를 해 볼게요. 부팅을 하는 데만도 10분이 걸리는 고물 중에 최고 고물로 첫 책을 썼습니다. 가끔 심하게 걱정이 되기도 했어요. 이러다가 노트북이 죽임을 당해 제가 애써 쓴 원고들이 다 날아가는 건 아닌가 하는 불안감이 살이 떨릴 지경이었으니까요. 매번 쓴 원고를 제 이메일로 보내거나 USB에 따로 담아 저장했어요. 그 상황에서도 이런 감사가 나오더군요.

'아 하나님이 나에게 이 고물 노트북으로 인내를 선물하시는구나.'

없어 보이는 걸 좋아하는 사람이 어디 있을까요? 듣고도 믿기지 않는 이런 이야기는 70년대 이야기가 아니라 불과 5년 전 이야기입니다. 물론 지금은 제가 원하는 것들을 사는 데 주저함이 없습니다. 이제는 소비로 인한 행복의 적정선이 어느 정도인지 오래 고민하지 않아도 될 만큼 습관이 잘 잡혀 있으니까요. 이렇게 말하고 나니 제 차가 걸리는군요. 그건 또 다음에 이야기해 볼게요.

평범한 사람이 부자가 되는 첫걸음은 저축이라고 다들 이야기합니다. 하지만 7포 세대에서는 그 또한 옛말이 되어가죠. 그래서 소확행을 찾습니다. 200만 원을 벌면서 브랜드 커피를 케이크를 먹어야 하고 때마다 여행을 가야하고 쇼핑을 해야 하고 인스타용 사진을 올려야 합니다. 그것들이 소소한 행복이 될 수 있지만, 그 문화에는 사탄이 있습니다. 돈에서 벗어날 수 없게 만드는 시스템을 사탄이 교묘히 이용하는 거죠.

'소확행이 중요하지. 너도 이렇게 돈 쓰면 행복하잖아. 십일조 하지 말고 그 돈으로 소확행 해. 그래도 괜찮아.'

'사고 싶은 건 사야지. 카드 할부가 있잖아. 게다가 무이자야. 얼마나 좋아? 다들 그렇게 살아. 그래도 괜찮아.'

사탄은 늘 괜찮다고 우리를 꾀지만 사실 전혀 괜찮지 않습니다. 자신을 위해 쓴 소소한 돈들과 행복을 교환하는 일이 습관이 되면 돈을 모을 수 없어요. 그렇게 되면 뭐가 문제냐고요? 순식간에 돈의 노예가 됩니다. 할부를 갚아나가야 하기에 일을 그만둘 수 없습니다. 발목이 묶여 버린 거죠. 올바른 일이 아니라도 자기 목소리를 낼 수 없습니다. 용기는 사라집니다. 매일 피곤합니다. 그렇게 소비로 행복을 사는 일이 반복되면 결국 돈에 쪼들리게 됩니다. 벌어도 버는 게 아닌 상황이 되죠. 다 카드 값으로 나가는, 내 돈이지만 결국은 카드회사 돈이 되죠. 물건이 남는다고요? 아니요. 빚이 남습니다. 소소한 행복의 치수가 점점 커지면서 빚이 점점 커집니다. 게다가 남을 위해 돈을 쓸 줄 모르게 됩니다. 오롯이 나의 소비를 위해 돈을 사용하게 되면 결코 부자가 되지 못합니다. 이기적이고 욕심 많은 사람이 되어가죠. 십일조를 할 상황이 못 됩니다. 카드값에 남아나는 현금이 없으니까요. 이번 달은 그냥 이렇게 지나가고 다음 달은 꼭 해 보자. 과연 될까요? 여러분의 마음이 연약해서가 아니라 마귀가 너무 똑똑한 겁니다.

이것들을 끊어내는 데는 절제가 무조건입니다. 하나님은 저에게 절제를 알게 하시기 위해 환경을 세팅해 주셨습니다. 그땐 몰랐는데 지나고 보니 한 치의 어긋남이 없으신 하나님의 계획이시더군요. 절제하고 인내하고 돈을 현명하고 지혜롭게 쓸 수 있는 능력을 훈련해 주신 거였어요. 긴 훈련이었지만 통과를 하고 보니 놀랄만한 일들이 계속 벌어지더군요.

지혜로운 부자 되는 법

절제가 익숙하게 될 즈음이었죠. 돈을 아끼는 것을 넘어 잘 쓰는 것이 중요하다는 것을 알고 있었기에 뭔가 또 다른 부자의 법칙을 따라야 할 때라 생각했습니다. 부자의 습관에 관한 책을 살펴보니 하나같이 지갑을 이야기하더군요. 당시 저는 딱히 지갑을 가지고 있지 않았습니다. 열쇠고리 지갑에 카드 한 장을 꽂아 다녔고 비상금 만 원짜리를 두 번 접어 넣어놓고 다녔죠. 지금은 핸드폰으로도 모든 결제가 가능한 시절이지만 그때만 하더라도 작은 매장은 현금결제만 가능했어요. 카드 한 장만 들고 다니는 것이 편하다고만 생각했지만, 책에서는 그런 습관으로는 절대 부자가 될 수 없다고 했습니다. 코웃음이 났어요. 지갑과 부자가 무슨 상관이야? 그러다 까짓것 한번 해보자 싶었어요. 밑져야 본전이란 생각이 들어 당장 시도했어요. 지폐를 접어 다니는 것보다 잘 펴서 넣을 수 있고 넉넉히 현금을 들고 다녀야 하기에 장지갑을 추천하더군요. 따지고 따져 알파벳 c가 등을 대고 있는 장

지갑을 샀습니다. 지갑을 보는 게 즐거워야 한다더군요. 사치가 아닐까? 수십 번 고민해도 딱히 다른 대안이 없어 구매했죠. 그리고는 현금을 잘 펴서 지갑에 넣었습니다. 뭔가 색다른 기분이더군요. 돈을 우상숭배 하는 듯한 일본 사람의 책이라 반감이 들었던 것도 사실이지만, 제 스타일로 변형하면 된다고 생각했습니다. 현금 인출기에 30만 원을 뽑아 현금을 보면서 하나님께 감사했습니다.

 '하나님 제가 이렇게 많은 현금을 들고 다닐 수 있게 해 주셔서 감사합니다. 제가 돈을 쓸 수 있게 해 주심을 감사합니다. 늘 지갑을 열 때마다 이것이 올바른 소비인지를 생각하게 해 주세요.'

 그런데 희한합니다. 열쇠고리 지갑에 카드 한 장 넣고 덜렁덜렁 돌아다닐 때는 길에 파는 음식이나 편의점이 커피숍이 너무 눈에 잘 들어왔어요. 돈을 쓰고 싶은 마음이 있는데 못 쓴다는 생각, 아껴야 한다는 압박감이 있어 마음이 불편하기도 했어요. 그런데 웬걸, 좋은 장지갑에 현금을 넣고 다니니 마음이 넉넉해지면서 딱히 돈을 쓰고 싶다는 생각이 들지 않더군요. 어린 시절이 떠올랐습니다. 용돈으로 천 원을 받으면 당장 집 앞 슈퍼에 가서 아이스크림을 사 먹어야겠다는 생각이 들었지만, 명절 용돈으로 14만 원이 생기면 그 돈을 쥐고 있다는 생각에 아이스크림 사 먹을 생각이 하나도 들지 않았던 거죠. 수중에 돈이 있으니 뭘 사 먹고 싶다는 생각도 딱히 없습니다. 돈이 없어서 못 사 먹는 게 아니라 안 사 먹는 거니까요. 딱 책에 나와 있는 그대로였습니다. 그렇게 장지갑은 저에게 새로운 기쁨을 줍니다. 지갑을 펼칠 때마다 즐거웠고 보는 것만으로도 흐뭇해졌습니다. 돈이 없다고 생각되지 않고 충분하다는 생각이 가득 하더군요.

장지갑의 또 다른 장점은 십 원짜리 동전 하나까지도 잘 쓸 수 있다는 겁니다. 적은 돈을 소중하게 생각하지 않는 사람이 큰돈을 소중하게 생각할 수 없습니다. 10원짜리 하나까지도 잘 쓸 수 있게 되자 집안 구석에 자동차 서랍에 나뒹구는 동전이 싹 자취를 감추게 되더군요. 좋은 습관이 생기게 된 거죠. 작은 일이 충성한 종처럼 적은 돈도 규모 있고 쓸모 있게 쓸 수 있게 되어 감사가 생겼습니다.

명품 장지갑을 사고 현금을 뽑아 들고 다니세요.라고 들릴 수도 있겠네요. 하지만 그 말이 아닙니다. 돈에 대한 감사가 생겼고 돈이 충분하다는 심리적 안정이 생기고 지갑을 볼 때마다 하나님께 감사하고 쓸 때마다 감사하는 삶이 시작되었습니다. 돈을 남의 문제처럼 가볍게 생각하지 않았어요. 부자가 되는 것을 두려워하지 마세요. 돈 이야기를 하는 것에 민감해하지 않았으면 좋겠습니다. 부자가 되는 것이 나쁘다고 생각하지 않았으면 좋겠습니다. 부자가 천국에 가는 것이 낙타가 바늘귀에 들어가기만큼 어렵다는 말씀 때문에 많은 크리스천은 돈 이야기를 하는 것을 어려워합니다. 그러면서 십일조는 하지 않죠. 그러면서 정작 이웃을 위해 물질을 쓸 일 앞에서는 딴청을 피웁니다.

하나님의 자녀인 우리가 돈에 전전긍긍하면서 살아야 할 이유가 있을까요? 하나님이 우리가 없이 사는 걸 원하실까요? 아닙니다. 하나님은 우리가 돈 돈 거리며 살길 바라지 않으실 뿐입니다. 최고 쉬운 우상이 바로 돈이니까요. 지혜로운 부자가 되면 됩니다. 하나님이 주시는 물질을 잘 사용하는 부자가 하나님이 원하시는 부자입니다. 그런 부자를 본 적도 들은 적도 없으시죠? 분명 교회 안에는 그런 부자들이 존재합니다. 그분들은 입이 무겁고 손이 빨라 듣지 못하고 보지 못할 뿐이죠. 하지만 제 눈에는 그런 분들이 너무도 잘 보입니다. 얼굴만 봐도 느껴집니다. 그분들이 가진 아우라가 하나님 물질의 축복을 받는 사람들이 풍기는 분위기가 분명 존재하거든요.

장지갑을 쓰면서 현금을 쓸 때마다 하나님께 감사하는 마음이 생겼습니다. 카드는 너무 쉽고 간단하게 물건 값을 계산하게 되어 그럴 찰나가 생기지 않더군요. 반대로 현금은 서로 주고받는 과정에 저도 모르게 하나님께 감사의 인사가 나오더군요. 필요한 것들을 현금으로 살 수 있는 능력을 주셔서 감사하더군요. 현금을 써도 지갑에 현금이 남아있어 감사했습니다. 절제도 길러졌습니다. 현금이 부족하면 절제하는 마음이 생기기도 했어요. 거스름돈으로 받는 작은 동전들도 소중하게 여겼죠. 그냥 흘러 다니던 의미 없던 동전들이 도망가지 않고 지갑에 착 붙어 있더군요. 적은 돈도 소중하게 여기는 마음이 생기기 시작했습니다. 적은 돈이 소중하다는 걸 알게 되면 큰돈을 마음껏 쓸 수 없어요. 무조건 자린고비처럼 살자는 게 아니라 한 번 더 고민하고 신중하게 현명한 소비를 할 수 있는 능력이 생긴다는 겁니다.

남들이 다 하니까 그게 문화라고 해서 아무 생각 없이 따라 살지 않길 바랍니다. 그 사이에 마귀가 슬며시 들어와 속삭일 거니까요. 달콤한 속삭임의 노예가 되기 시작하면 발목이 잡혀버리면 하나님이 주시는 물질의 축복과는 점점 멀어집니다. 돈이 우상이 되어버리는 건 순간! 입니다. 물질을 구함에 앞서 지혜를 구하셨으면 좋겠습니다. 하나님의 부자는 분명 지혜로운 부자입니다.

돈이 많아지면 하겠다는 거짓말

집에서 2시간 떨어진 곳으로 강의를 가는 날이었습니다. 습관처럼 라디오를 틀었는데 그날따라 EBS 영어 방송이 너무 시끄럽게 느껴지더군요. 슬그머니 버튼을 눌러 극동방송을 틀었습니다. 그런데 하필이면 그 시각에 '방송 사역자 모집'을 하더군요. 물론 그날 뿐 아니라 늘 극동방송 라디오는 전파 선교사를 모집했었죠. 단거리 운전만 하다 보니 잠시 지나가는 광고처럼 여겨졌었는데 이날은 뭔가 좀 특별했습니다. 아나운서는 오늘 전파 선교사 100명을 모집하겠다고 선언을 하더군요. 그녀의 간절한 목소리가 제 귓가에 맴돌다 가슴으로 내려왔습니다. 도저히 견딜 수 없는 강력한 메시지를 받는 느낌이랄까요. 한적한 갓길에 차를 세웠습니다. 지금이 아니라면 또 언제가 될지 기약할 수 없었거든요. 문자를 보냈습니다. 목적지에 도착하고 문자를 보내도 괜찮지 않을까 30분을 고민하다가 이런 고민을 하는 내가 하나님 보시기에 얼마나 치사해 보일까 생각하니 너무 부끄러워졌습니다. 사실 그전까지는 교회에 십일조, 감사헌금 때때로 절기 감사헌금, 건

축헌금, 선교헌금을 하는 것만으로도 충분히 잘 하고 있다고 생각했었거든요. 헌금뿐 아니라 교회의 필요에 따라 지혜롭게 돈을 사용한다고 생각했어요. 우리 교회 생각만 했었죠. 처음으로 기관에 정기 후원을 신청했습니다.

한국인과 다르게 미국인들은 부자를 존경합니다. 그들은 재단을 세워 소외된 이웃을 위해 돈을 씁니다. 자식에게 재산을 남기는 것보다 더 많은 금액을 기부합니다. 저도 그 대열에 함께 했다는 뿌듯함이 들더군요. 한 달에 소정의 금액을 극동방송에 후원하기로 했을 때 분명 하나님은 저를 더 예뻐하실 거란 생각이 들었습니다. 고백하자면 늘 이렇게 유치하게 삽니다. 제가 뭔가를 하면 늘 하나님께 칭찬받겠구나! 이런 아이다운 마음으로 살아갑니다. 하나님은 이런 순순한 저를 사랑하실 테니까요. 저는 죽을 때까지 어린아이처럼 살려고요.
이후로 극동방송을 들을 때마다 뭔가 기분이 좋습니다. 좀 더 가까워진 듯한 느낌이랄까요? 그렇게 시작한 개인 후원은 좀 더 넓어졌습니다. YWCA에 매달 후원을 하게 되고 멀리 계신 선교사님께도 정기 후원이 시작되었죠. 그냥 원래부터 없는 돈이라 생각했습니다. 더운 날 휴게소에서 정기 후원을 모집하는 단체를 그냥 지나칠 수 없었습니다. 가끔 재래시장을 가면 만나게 되는 분의 하얀색 플라스틱 통을 못 본 척할 수 없었습니다.

돈 많은 부자가 되면 남을 위해 돈을 쓰겠다고 이야기하는 사람들을 많이 만납니다. 처음에는 저도 그렇게 생각했어요. 한 푼이라도 아껴서 내가 먼저 잘 사는 게 맞다고 생각했죠. 그런데 하나님의 회계장부는 우리의 계산과 아주 다르다는 걸 깨달았습니다. 극동방송이 재정이 어려워 문을 닫게 되는 일은 없을 겁니다. 하나님은 그런 일을 하실 분이 아니니까요. 하나님의 능력이 부족해서 후원을 모집하는 게 아닙니다. 하나님은 우리에게 기회를 주고 계실 뿐입니다. 세상을 창조하신 하나님이 못하실 일은 없습니다. 기회가 오면 잡아야 합니다. 돈을 잘 쓸 기회를 꼭 잡으시면 좋겠습니다. 나를 위해 쓰기보다 남을 위해 쓰는 최소한의 노력만으로도 절반은 성공한 겁니다. 프랜차이즈 카페라테 한잔 절제하시고 YWCA 정기 후원에 동참해 주세요. 커피 한잔의 즐거움보다 몇 배의 뿌듯함과 행복함이 넘치리라 감히 자신 있게 추천합니다. 극동방송에 전파사역자가 되어보세요. 자신과 같은 뜻을 가진 단체에 후원해 보세요. 돈이 없어 못 하는 게 아니라 교육을 받지 못해 습관이 되지 않았을 뿐입니다. 그 돈 없어도 사는 데 어려움이 전혀 없습니다. 하나님이 주시는 물질의 축복을 받고 싶다면 지금 당장 하십시오. 자신의 그릇을 넓히지 않으면 축복의 크기도 커지지 못합니다.

십일조가 전부가 아닙니다. 십일조를 성실히 하는 것은 도리어 안 하면 범죄가 되는 법적 효력을 가지고 있다고 생각하셔야 합니다. 후원을 통해 재정적 지원을 하는 일은 돈을 잘 사용하고 있다는 또 다른 증거이기도 합니다. 최소 세금 3.3%는 당연하고 카드 수수료는 당연하고 배달 수수료도 ATM 수수료는 아무렇지 않게 내시잖아요. 배송비나 수수료가 아깝지 않은 게 아니라 당연하게 익숙해진 것뿐입니다. 돈이 많아지면 하겠다는 말을 잘 생각해볼게요. 돈이 많다는 것에 대한 정의를 내릴 수 있으십니까? 얼마가 있어야 돈이 많은 걸까요? 1억이 생기면 2억이 있어야겠고 그만큼이 모이면 더 큰 욕심이 일어납니다. 돈에 관한 욕심에 자유로울 수 있는 인간이 몇이나 될까요? 도대체 얼마를 벌면 많이 버는 걸까요? 정답은 없습니다. 가질수록 더 가지고 싶은 게 돈이니까요. 그렇기에 이런 마음을 절제하고 다스릴 수 있는 무엇인가가 필요합니다. 건강은 지금부터 지켜야 하는 겁니다. 부자가 되고 나서 건강에 대해 생각하겠다는 사람이 어디 있을까요? 부자가 되었을 때 남을 위해 무엇인가를 하겠다는 말도 마찬가지입니다. 나누고 베푸는 마음은 형편에 따라 생기는 게 아니라 실천력에 따라 생깁니다. 수익의 3%만 기부해 보세요. 그게 부담된다면 1%라도 좋습니다. 돈 가는 곳에 마음이 간다 했습니다. 자신만을 위해 살지 말고 좋은 일 하며 삽시다. 그게 그리스도인의 향기입니다. 하나님은 분명 그런 우리를 보며 미소 지으실 겁니다.

하나님 저 벤츠 타도됩니까

어릴 적부터 희한하게 차를 참 좋아했습니다. 아빠가 운전하시는 차 조수석에 앉아 자동차 디자인 이야기하는 걸 즐겼죠. 드라이브하다 새로 나온 차가 있으면 뒤꽁무니를 쫓아가서 한참 둘만의 품평회를 했죠. 엉덩이가 너무 들렸다, 혹은 디자인이 잘 빠졌다, 색이 어떻다, 등의 이야기가 재미있었습니다. 아빠와의 또 다른 데이트는 카센터였습니다. 자동차의 소리를 들으면 차가 아프구나, 괜찮구나 하는 느낌이 들더군요. 한때는 자동차 디자이너를 꿈꿨지만, 왠지 수학을 잘 해야 할 것 같아 포기했답니다. 차를 좋아해서였을까요? 초등학생 때는 겁도 없이 남동생에게 어른이 되면 스포츠카를 사 주겠다는 약속도 했어요. 당시에 현대에서 나온 국산 스포츠카가 인기 있던 시절이었거든요. 그런데 약속을 꼭 지켜야 할 것 같아 단서를 하나 붙였습니다. 그 차와 똑같은 차만 가능하다 했죠. 정말 다행히도 그 차는 단종되어 지금은 구할 수도 없습니다. 어찌나 다행인지요. 후유 이천만 원

벌었습니다.

시집가기 전 아빠에게 자동차를 선물했습니다. 아빠가 필요했다기보다 그냥 제가 그러고 싶은 마음이었지요. 제가 선물한 차를 타실 때마다 아빠는 참 흐뭇해하셨습니다. 아니 제가 더 흐뭇했지요. 몇 년 뒤 아빠는 새 차를 몰게 되면서 제 선물은 부메랑처럼 제게 돌아왔습니다.

우연한 기회에 <3040 독립여성 프로젝트>를 기획하고 진행하게 되었죠. 경제적으로 심리적으로 독립하고자 하는 여성들과 같이 이야기하고 서로에게 도움을 주자는 취지였습니다. 리더인 저는 첫 과제로 '100가지 꿈 리스트'를 작성하게 했죠. 그날 밤 식탁에 앉아 리스트를 쓰는데 저도 모르게 이렇게 쓰고 있는 겁니다.

'40살에 외제 차를 탑니다.'

꿈이 이미 이루어졌다고 생각하고 완료형으로 쓰라고 했거든요. 그런데 제가 그렇게 완료형으로 외제 차주가 그것도 40에 된다고 썼던 거죠. 아차! 싶었습니다. 그리고는 잊고 있던 꿈이 떠오르더군요.

첫 직장을 다니며 저축 연금을 들었습니다. 경제 서적에 관심이 많았기에 책에서 시키는 대로 통장을 쪼개 관리하고 계획을 세워 저축했어요. 15년 만기 20년 만기 연금적금을 들면서 설계사분이 묻지도 않은 질문에 혼자 답했어요.

"이 돈은 제가 마흔에 외제 차 살 돈이에요. 제가 차를 좋아하거든요."

15년 전 이야기가 머릿속을 스쳐 지나갔습니다. 물론 평소에도 차를 좋아하던 저는 집을 사고 난 뒤 수익이 나름 안정적이기 시작하면서 새 차 구매를 고민한 적도 있었지만 제 차가 너무 튼튼한 겁니다. 아프기는커녕 수리비 한 번 나가지 않았어요. 한편으론 이런 생각도 들었죠.

'외제 차는 무슨. 이 마음은 분명 하나님이 주신 게 아닐 거야. 허세야 허세. 괜히 허파에 바람만 들어서는 되겠어? 이런 사치품을 사는 건 하나님이 기뻐하지 않으실 게 분명해.'라고 생각했죠. 그런데 이번엔 그냥 그래도 괜찮다는 마음이 들더군요. 이상하게 외제 차를 산다는 결정에 불안함이 전혀 없었어요. 부모님과 의논을 합니다.

"아빠 제가 벤츠를 사려고 하는데요. 아빠가 먼저 가셔서 시승 한번 해 보시고 맘에 들면 허락해주세요. 아니면 다음에 살게요. 딜러한테 차는 제 찬데 아빠가 결정하실 거라고 전해 놨어요. 저는 따로 안 타봐도 됩니다."

"그래. 알았다. 그렇게 하자."

시승을 마치고 아빠는 한칼에 말씀하시더군요.

"살 만한 가치가 있더라. 딸아, 사도되겠더라."

그렇게 저는 벤츠를 타게 됩니다. 그리고는 주일날 교회를 갔어요. 정말 아무런 생각이 없었는데 예배를 마치고 목사님 사모님께 인사를 드리면서 제가 이렇게 말하더군요.

"사모님 혹시, 자동차, 필요하세요? 제가 이번에 차를 바꿨거든요. 제가 타던 차 아시죠? 혹시 그거라도 필요하시면 드릴까 해서요."
사모님 눈이 휘둥그레집니다.
"집사님, 안 그래도 시에서 여러 번 경고장이 날아왔어요. 교회 차가 너무 오래돼서 폐차하라고 해서 기도하던 참이었어요. 중고로 경차를 하나 사야 하나 고민만 하고 있었거든요."
"아 그러시면 제 차 바로 가져가세요. 연식은 좀 됐는데 고장 없고 튼튼해서 몇 년은 거뜬히 타실 수 있을 거예요."
"집사님 차 잘 알죠. 좋기만 하던데요."
그길로 바로 손 세차장으로 향했어요. 제가 탈 때는 늘 기계 세차만 돌렸던 차였지만 목사님께 그냥 드릴 순 없어서 깨끗이 목욕시킨 뒤 키를 넘겨 드렸습니다.

외제 차가 허세나 과소비가 아닐까 하고 몇 년을 심각하게 고민했어요. 하나님 보시기에 기쁘지 않으시는 건 아닐까? 걱정됐거든요. 절제를 그렇게 가르쳐서 이제 습관이 되고 나를 위해 사치하지 않는 것이 이제야 몸에 뱄는데, 한방에 외제 차를 산다고 마음먹은 제가 탐탁지 않아 보일 거란 생각이 들었어요. 사람들의 눈도 신경이 쓰였습니다. 하지만 그게 다 과대망상이더군요. 내 돈 주고 내 차 사는 게 무슨 문제라고 끙끙 앓냐고 하실 수 있어요. 제 동생은 정말 1초의 고민 없이 외제 차를 덜컥 사더군요. 사실 그때 속으로 엄청 욕했습니다. 분수도 모른다고 말이죠. 반면 저는 3년의 세월을 질질 끌며 결정을 주저했지요. 하지만 어느 순간 불편한 마음 하나 없이 자연스럽게 구매합니다. 하고 보니 하나님이 허락한 때가 있구나 싶어요. 무리하지 않고 자연스럽게, 걱정하지 않고 편안하게 큰 물살을 타지 않고 뭔가 쉽게 이루어지는 일들이 많습니다. 하나님의 계획하심은 그저 놀라운 따름입니다. 그래서 참 신기한 세상에 사는 기분입니다. 그래서 내일이 기대되고 하루하루가 참 재미있고 설렙니다.

하나님은 쩨쩨하신 분이 아닙니다. 제가 멍청한 거였습니다. 외제 차를 사는 것이 문제가 아닙니다. 좋은 집 좋은 차를 가지는 것에 죄의식을 가져야 할 필요가 없습니다. 눈치를 봐야 할 부분은 따로 있습니다. 돈을 우상숭배 하지 않는 능력이 있는가? 라는 질문 앞에 당당해 지면됩니다. 남에게 과시하기 위해, 허세를 부리기 위해, 절제와 인내 없이 과한 욕심을 부리면 안 됩니다. 돈의 노예가 되어 소비와 소유에 집착하는 삶은 하나님이 기뻐하지 않으실 테니까요. 벤츠보다 하나님이 우선이면 됩니다. 부어 주신 물질의 축복에 감사하면 됩니다. 돈을 믿는 게 아니라 하나님을 믿으면 됩니다.

하나님의 사람에게 투자합니다

첫 직장생활 2년을 어금니 꽉 물고 버텼습니다. 누가 시킨 것도 아니었지만 2년은 버텨야 할 것 같았거든요. 그리곤 자연스럽게 박수를 받으며 -헤어질 때 늘 박수받으며 정리하게 하시는 게 하나님 방식인 것 같다는 생각이 듭니다- 자격증을 따러 호주로 떠났습니다. 언제나 그렇듯 예상치 못한 일이 생겼고 3개월만 있다 가기로 한 호주 생활은 1년을 채웠지요. 생활비를 벌어야 했습니다. 한국이라면 무슨 아르바이트를 할 수 있을까? 답은 하나였습니다. 영어 선생이었으니 영어 과외를 하면 되겠다 싶었죠. 보수를 알아보니 당연히 서빙 아르바이트의 2배였습니다. 다만 여기는 호주고 저는 외국대학을 나온 것도 아닌 한국말을 더 잘하는 한국 사람이란 사실이죠. 이런 생각을 하다니 제가 생각해도 어이가 없군요. 그런데 세상에 불가능한 게 어디 있습니까. 그냥 저질렀습니다. 소개란에 한국인이라고 쓰고 영어 강사경력을 이야기했죠. 친절하게, 쉽고 재미있게 영어를 가르쳐 주겠다. 그러니 일단 만나보고 결정하라고 이력서를 썼죠. 그런데 이게 웬일입니까? 연락이 옵니다. 호주에서 한국 사람에게 영어 과외를 받겠다고 전화를 하는 사람들은 도대체 어떤 사람일까요? 궁금했습니다. 나가 보니 일본 사람이 많더군요. 그러다가 또 전화를 받습니다.

"헬로우"

"헬로우……."

아주 간단한 높은 임에도 직감했습니다. 한국 사람이구나.

"한국분이세요? 한국말 하셔요. 괜찮습니다."

"아…. 네…."

직감은 적중했습니다. 한국 사람이었어요. 영어 과외를 받고 싶다 해서 만났습니다. 그런데 누가 봐도 그냥 목사님입니다. 많이 봐서 아는 그 목사님만의 특유한 얼굴과 옷차림, 느낌이 딱 있거든요.

"그런데 초면에 죄송한데 혹시 목사님이세요?"

"네? 그런데 그걸 어떻게 아세요?"

"딱 그렇게 보이는데요. 하하하."

"아…. 그러세요…. (중략) 그런데 수업료가…."

"수업료는 안 받을게요."

"왜죠?"

"당신은 하나님의 사람이니까요. 그 정도는 괜찮습니다."

그렇게 말할 생각은 1도 없었는데 입이 먼저 열려 버렸어요. 그래서 그냥 허세를 부렸습니다. 선한 허세죠. 제가 한 말이었지만 꽤 근사하다 생각이 들더군요. 당신은 하나님의 사람이니까요. 아! 나도 하나님의 사람이 되고 싶어지더군요. 아, 그렇다고 신학대학원을 갈 생각은 전혀 없습니다. 주님! 그건 진짜 아닙니다. 그렇게 우리의 수업은 시작되었죠. 물론 일본인과 한국인 학생들과의 수업도 진행되었습니다. 이 놀라운 일의 연속은 하나님의 사람 덕분이 아닐까 생각했어요.

한국으로 와 또 다른 기회를 엿보기 시작했습니다. 직장 때문에 다른 지역에서 교회를 다니게 되면서 전도사님과 사모님을 만나게 되었죠.
"사모님, 저는 어릴 때 영어 공부가 너무 하고 싶었는데 형편이 넉넉지 못해서 그럴 기회가 없었어요. 영어학원이 제 기준에 너무 비쌌거든요. 하나님이 저 공부시켜주셨는데 갚아야죠. 애들 영어 수업 제가 그냥 해 드릴게요. 어떠세요?"
"정말요? 염치없지만…. 그럼 너무 감사하죠."
그렇게 목회자분들의 아이들만 모아 따로 과외를 했어요. 물론 철저하게 입을 꼭 붙잡아 매고 말이죠. 괜한 오해를 사고 싶지도 않았고 저 때문에 전도사님, 사모님이나 아이들에게 혹여나 불편함을 주고 싶지 않았거든요. 솔직히 하나님 이자를 받으려고 그런 건 아니었어요. 어릴 때부터 알고 있던 하나님 이자였지만 제가 그 이자를 받을 수 있다고는 생각 못 했거든요. 왜냐면 저는 일단 돈이 없었고 늘 받는 편에 서 있었기 때문이었을 거예요. 게다가 베푸시는 분들은 늘 나이가 많으신 분들이었거든요. 20대가 할 수 있는 일이라곤 생각을 못

했어요. 그냥 감정이입이 된 거겠죠. 말하지 않아도 그들의 형편을 누구보다 잘 알고 있기 때문이겠죠. 그런데 그런 행동들은 하나님의 이자가 되어 돌아오더군요. 하나님은 누구보다 후히 주시려고 하시거든요. 그래서 어디 상 줄 건수가 없나 하고 살피시는데 걸려드는 사람이 없나 봐요.

정년이 보장되는 초등학교 근무를 스스로 그만뒀어요. 다들 왜 그런 좋은 직장을 그만 두냐고 걱정을 많이 하셨지만, 마음에 평안함이 생기면서 그래도 된다는 하나님의 지지를 받는 느낌이 들더군요. 그리고는 작은 공부방을 열었습니다. 그런데 또 이런 마음이 들더군요. 이젠 누구 눈치 없이 내 공간에서 내 마음대로 영어 수업을 할 수 있는데 이 기회를 놓칠 수 없겠다 싶었어요. A4에 편지를 썼어요. 목사님 전도사님 자녀 대상으로 혹은 교회를 섬기시는 분들의 자녀들에게 무료로 영어 수업을 하겠다는 내용의 편지를 써서 공부방 가까이 있는 교회 20곳에 직접 돌면서 뿌렸어요. 물론 전화는 한 통도 없었지만요. 아마 저를 이단 나부랭이나 사기꾼으로 생각하셨을지도 모르겠네요. 하지만 저는 나름의 노력을 한 셈이고 아마 아버지는 이런 저를 기특하다 여기셨을 겁니다.

하나님의 사람들에게 투자하세요. 투자라는 표현이 거북스럽게 들릴 수도 있겠지요. 하나님의 사람을 섬기세요. 물질이 풍부하면 물질로, 마음이 따뜻하면 마음으로, 재능이 있다면 재능으로, 각자의 형편과 상황에 맞게 충분히 하실 수 있어요. 교육은 듣고 보는 것에 있잖아요. 좋은 것만 듣고 좋은 것만 보고 좋은 것만 실천해 봐요. 이해를 돕기 위해 이자라고 표현을 했지만 받기 위해 하는 것이 아니라 그냥 주는 것에 줄 수 있는 것에 감사하는 삶을 실천하면 좋겠습니다. 물론 제 개인적인 경험으로 인해 특별히 목회자들에게 잘해야 한다고 생각하셔서 불편한 마음이 드실 수 있으실 거예요. 하지만 분명 하나님은 사람을 통해 하나님의 일꾼을 위로하시고 축복하시고 격려하십니다. 그 도구로 내가 쓰임 받을 수 있다면 이보다 더 큰 감사가 어디 있을까요.

굳이 이렇게까지는 못하겠다 싶으실 수도 있어요. 괜찮습니다. 하지만 이것 하나만 당부드리고 싶습니다. 목회자에게 함부로 하지 마세요. 목회자는 사람이지 신이 아닙니다. 완벽할 수 없어요. 부족한 점이 많이 보일 수 있습니다. 세상 기준에 못 미치는 분들도 계십니다. 행정력은 공무원을 따라갈 수 없을 테고 강의력과 전달력은 유튜버들을 따라갈 수 없죠. 언행도 마찬가지입니다. 완성형이 아니라 훈련 중이잖아요. 모두가 똑같이 공장에서 찍어내듯 완벽할 수 없습니다. 다양한 색의 사람들이 존재하는 것처럼 다양한 색의 목회자가 존재하는 것이 당연합니다. 각자의 쓰임이 있을 뿐이죠. 내 맘에 들지 않는다고 목회자를 탓하거나 지적하거나 삿대질하거나 비교하거나 편해하지 않으셨으면 좋겠습니다. 그들은 하나님의 사람이니까요. 목회자는 하나님이 선택하신 하나님의 사람입니다.

5장
하나님의 순간은 어디쯤

감사 라이프

나도 모르게 고백해 버렸다

감사 일기가 유행이었어요. 너도나도 블로그에 감사 일기를 매일 써 올리더군요. 그런데 사람들이 써 놓은 감사 일기를 보고 있자면 감사가 아니라 자랑처럼 보여 눈살이 찌푸려졌지요. 내가 이런 멋진 일을 했네. 내가 이렇게 돈을 잘 벌고 잘 쓰네. 허세와 플렉스가 가득한 감사 일기 아니 자랑 일기를 보는 게 내내 불편했어요. 제가 비비 꼬인 사람이라고 인정하는 것이기도 합니다. 솔직히 배가 아팠어요. 나보다 잘나가는 사람들이 부러웠고 성질이 났어요. 시집을 잘 가서 사랑받고 사는 것처럼 보이는 친구가 미웠고 인기 많은 사람을 보면 질투가 났어요. 그래서 감사 일기로 포장된 자랑 일기 따위는 절대 쓰지 않겠다 다짐했죠. 하지만 '절대'라는 단어를 쓰면 쓸수록 그 일을 비켜나갈 수 없더군요. 절대라는 말은 쓰면 안 돼요. 절대의 에너지가 다시 그 일로 끌어당기니까요.

운영하는 독서 모임에서 <감사 일기> 책으로 모임을 하자는 의견이 나왔어요. 다수결의 법칙에 따라 그 책이 선정되었고, 저는 울며 겨자 먹기로 읽던 중 제 마음을 불편하게 하지 않으면서 감사 일기를 쓸 방법이 떠올랐어요. 나의 행복이 타인의 불행이 되지 않게 말이죠. 사람들은 상대적 박탈감과 비교의식에 자신을 구겨 넣고 자신을 더 작게 만드는데 선수이니까요. 그런 문제점을 한 번에 해결해 주는 방법은 '비공개 밴드'를 하나 만들어 혼자만 보는 감사 일기를 쓰면 되더군요. 이 정도면 충분히 할 수 있겠다 싶었어요. 대신 단톡방을 만들어 '1일 차 감사 일기 완료'라고 올리면 함께 힘으로 오래 쓸 수 있겠더군요. 회원들의 요청에 따라 그날부터 바로 감사 일기를 쓰기 시작했어요. #을 붙이면 밴드에서 글 작성이 아주 쉬웠어요. #감사 일기 1일 차 #감사1 #감사2 #감사3 이렇게 지정을 해 놓으니 매번 이 단어들을 쓸 필요가 없더군요. 감사 일기 쓰는 규칙은 간단합니다. 매일 밴드에 들어가 감사 일기를 쓰고 단톡방에 감사 일기 완료라고 올리면 됩니다. '일상에 일어난 모든 일에 감사합니다. 고맙습니다. 감사합니다.'라고 붙이면 된다고 했어요. 팀의 리더였기에 매일 빠짐없이 감사 일기를 써 내려가기 시작했죠.

저는 늘 분석하고 논리적인 것에 집착하는 사고형으로 시크한 듯 냉소적인 그러니까 한마디로 딱 밥맛없는 인간이었죠. 공감보다 해결 방법을 먼저 찾아내야만 직성이 풀리는 남성스러운 태도와 감정에 휘

둘리지 않는 정 없는 인간이기도 했죠. 그런 제가 감사 일기를 쓰기 시작하면서 놀라운 경험을 합니다.

<감사 일기 3일 차>
'태풍이 불어서 감사합니다. 바다가 깨끗해져서 감사합니다. 고맙습니다.' 라고 쓰고 있더라고요. 이게 머 선 일이고 했지만, 그냥 형식적인 말이겠거니 하고 넘어갔어요.

<감사 일기 4일 차>
'생리를 시작해서 감사합니다. 고맙습니다. 아직 젊고 건강합니다. 감사합니다. 고맙습니다.'
이건 또 머 선 일이고 싶었어요. 제 나이에 생리는 당연한 일이잖아요. 아직 완경 할 나이가 되지 않았거든요. 게다가 생리는 세상 귀찮은 일이죠. 제가 아이를 더 낳을 것도 아니고 생리를 한다고 건강한 느낌도 없죠. 생리는 이성을 마비시켜 감정 기복 그래프를 엉망으로 만들어 버리고, 단 것에 집착하게 하고, 애피타이저와 디저트까지 풀로 먹어도 성에 안 차는 식욕을 불러일으키고, 배가 아프기도 하고, 활동에 불편함을 주고 등등 좋은 점을 이야기하라면 1도 없다고 평소에 생각했는데, 저도 모르게 '감사합니다' 라고 쓰고 있더군요. 분명 내가 미쳤다고 생각했어요. 며칠을 그렇게 정신없이 감사 일기를 썼어요. 단톡방에 올라오는 '감사 일기 5일 차 완료' 라는 메시지를 보면 아차!

하며 그날의 감사를 쓰게 되더군요.

<감사 일기 30일 차>
감사합니다. 고맙습니다. 감사합니다. 를 수도 없이 쓰고 있는데 문득 이런 생각이 들었어요. 나는 지금 누구에게 '감사합니다'를 외치는 거지? 처음에는 스스로 좋은 에너지를 줄 수 있다고 믿었어요. 물론 맞는 말이죠. 그런데 저는 하나님의 사람이잖아요? 좋은 에너지만을 위한 일이라고 하기엔 하나님을 너무 무시하고 있음을 깨달았어요. 너무 죄송한 마음이 들더군요. 하나님을 놓치고 살았다니 그러면 안 되는 거죠. 큰일 날 소리였어요. 불손한 태도는 바로 수정했습니다. 감사합니다. 고맙습니다. 라는 말 앞뒤로 하나님이란 단어만 붙였죠.

하나님, 감사합니다.
고맙습니다, 하나님.

그렇게 쓰고 나니 기분이 좋아졌어요.
며칠을 '하나님 감사합니다.'를 쓰는데 저도 모르게 감사 일기에 이렇게 쓰고 있더라고요.

'모든 게 하나님 덕분입니다. 사랑합니다.'

얼마 만에 한 사랑 고백일까요? 해도 해도 참 너무 했구나. 부모님께 사랑한다는 이야기를 하면서도 정작 하나님께는 사랑한다는 이야기를 한 적이 없구나 싶더군요. 저는 늘 떼쟁이였어요. 울고불고 떼쓰는 모자란 딸에게 무슨 큰 복을 주실 수 있는가? 거꾸로 생각하면 참 어이가 없겠구나 싶었죠.

성공하는 사람에겐 좋은 습관이 넘칩니다. 시간 관리나 돈 관리 인간관계관리에 탁월하죠. 뭔가 머리를 써서 하는 게 아니라 작은 습관부터 자신의 것으로 만들어 나가죠. 좋은 습관은 또 좋은 습관을 불러일으키고 연쇄적으로 시너지 효과를 일으켜 더 멋진 사람 더 크게 성공하는 사람으로 만들어 갑니다. 하나님께 사랑받는 사람들도 좋은 습관을 지녀야 합니다. 세상 사람들도 매일 감사합니다. 고맙습니다. 외쳐요. 하나님 자녀인 우리는 얼마나 감사의 삶을 사는지 생각해 봐요. 하나님을 모르는 사람들도 감사의 삶으로 인생이 바뀌었다고 이야기하는데 자녀 된 우리가 그러면 안 되는 거잖아요. 그건 나쁜 거예요. 매일 감사가 넘치는 삶은 내가 만들 수 있습니다. 감사할 일이 없어서 감사를 못 하는 게 아니라 감사를 안 해서 감사가 입에 안 붙어 있는 것뿐입니다. 딱풀로 떨어지지 않게 내 입 옆에다 딱 붙여 놓으세요. 하나님 감사합니다. 하나님 고맙습니다. 하나님 덕분입니다. 하나님 사랑합니다.

옳은 일에는 타협이 없습니다

감사 일기를 쓴 지 200일이 지나면서 고민이 시작되었습니다.
'천사님, 1포인트 추가로 받을 수 있는 좋은 방법 없을까요?' 1초의 고민도 없이 바로 지인들에게 연락합니다.
"저기 혹시…. 감사 일기 같이 쓸래요? 어렵지 않고요. 그냥 간단히 쓰시면 돼요. 매일 안 쓰셔도 괜찮아요."
"아니요."
"네, 알겠습니다. 생각 있으시면 언제든 말씀해 주세요."

누구나 거절에 대한 막연한 두려움이 있죠. 고민하고 고민해서 말을 꺼냈는데 '노'라는 대답이 들리면 괜히 어딘가 숨고 싶은 마음이 들잖아요. 내가 밉고 싫어 거절하는 거란 생각도 했어요. 물론 그럴 수도 있겠지만 거절의 이유에 대해 깊이 고민하지 않기로 했습니다. 분명한 하나의 목적만 생각했습니다.

'하나님을 기쁘시게 하는 일에 적극적 참여를 한다.'

참 간단하죠? 하나님은 당신을 알아가고자 하는 사람들 덕분에 기쁘실 테다. 매일 잠자리에 들기 전 하나님께 감사하다고 사랑한다고 외치는 자녀들 덕분에 기쁘실 테다. 나 혼자 하는 게 아니라 여럿이 함께하면 얼마나 더 기쁘실까. 그 모습을 상상해 보면 어깨춤이 나옵니다. 무엇보다 이런 일은 무척 쉽습니다. 뭔가 열심히 최선을 다하지 않아도 되니까요. 혼자 하면 3일 만에 포기하고 그만둘 수 있지만 함께하는 사람들이 있고 리더로서 감사 일기를 거르지 않고 1000일을 써 내려갈 수 있었습니다. 성경 읽기 단톡방에 있는 사람들 덕분에 더 열심히 최선을 다해 게으름 피우지 않고 성경 읽기에 집중할 수 있었어요. 저를 위한 일이기도 했지만, 그것만은 아니었습니다. 최대한 간단하게 생각하기로 했어요.

'하나님이 조금이라도 저로 인해 즐거우셨으면 합니다.'

누군가를 사랑한다면 그 사람을 웃게 해 주고 싶은 건 당연한 거잖아요. 당신을 아프게 하는 사람은 당신을 사랑하는 게 아닙니다. '하나님은 나를 아프게 하는데 그럼 나를 사랑하는 게 아닌가요?'라고 묻고 싶은 마음 이해합니다만 이 질문에 대답하자면 하나님은 사람이 아니십니다. 우리와 같은 레벨이 아니시기에 죽었다 깨어나도 우리는 그 깊고 넓음을 이해할 수 없습니다. 다만 제가 깨달은 건 아픔의 원인은 성장통일 뿐이라는 겁니다. 갑자기 키가 크면 아픕니다. 그런 성장통처럼 우리가 더 큰 어른이 되기 위해서 하나님이 성장을 위한 짧은 기간을 주시는 것뿐이에요. 1년에 1센티씩 자라게 하면 성장통이 없어요. 빠른 성장이 필요한 순간, 한 달에 10센티가 크려면 성장통은 필수입니다. 성장통의 목적은 고통이 아닙니다. 아프지 않고 빠른 성장을 할 수 있을까요? 평생 지금처럼 똑같이 살고 싶으시다면 패스하셔도 됩니다. 물론 그 선택권도 우리에게 없을 뿐이지만요.

그가 하시는 모든 일은 언제나 옳습니다. 그가 하시는 모든 방법은 언제나 옳습니다. 옳은 일은 타협이 없습니다. 받아들이는 순간 성장합니다. 깨닫는 순간 행복해집니다. 이해하려 애쓰지 마세요. 그냥 받아들이시면 됩니다. 세상만사 이해 안 되는 일이 얼마나 많은데 200도 안 되는 아이큐로 무슨 하나님의 섭리를 이해하려 하십니까? 하나님은 그냥 언제나 옳으십니다. 믿기 시작하면 보이는 것이 깨달아지는 것이 더 많아지더군요. 이해하고 믿으려 하지 마세요. 멘사 회원도 불가능한 일을 평범한 당신이 하겠다고요? 불가능한 일에 애쓰지 마시고 할 수 있는 일만 하세요. 당신이 하지 않고 있지만, 당신이 할 수 있는 일이 얼마나 많게요.

100살에 아들을 낳은 아브라함이 떠오르더군요. 얼마나 그 아들을 애지중지했을까 안 봐도 비디오잖아요. 아빠가 아니라 할아버지가 아들을 낳았으니 얼마나 좋으셨을까? 그런데도 하나님이 그 아들을 제물로 바치라고 했을 때 그는 묻지도 따지지도 않고 실천했습니다. 산을 오르는 아브라함의 마음은 어떠했을까? 저였다면 과연 그럴 수 있었을까? 대답하고 싶지 않습니다. 1초 만에 대답할 용기가 없으니까요. 하지만 깨달음엔 확신이 있습니다.

'나는 내 아이를 우상으로 만드는 걸 하나님은 원치 않으시구나.
'세상에서 내 아이를 제일 사랑하지 않겠다. 하나님을 더 사랑하는 자가 될게요.'

하나님은 분명 우상을 만들지 말라고 하셨습니다. 돌이나 나무를 깎아 만든 것들만 우상일까요? 그렇지 않습니다. 마음속으로 하나님을 제치고 일 순위로 두는 것들이 다 우상입니다. 하나님보다 먼저인 것들은 다 우상입니다. 그래서 철저하게 아들을 멀리 두려 노력합니다. 사랑하고 사랑하지만, 혹여나 하나님이 아들에게 질투라도 하실까 봐 좀 더 먼발치에서 보려고 합니다. 웃기지만 괜히 날벼락으로 아들에게 무슨 일이 생길까 걱정되는 마음도 듭니다. 하나님과 아들 둘 중에 누구를 선택할래? 라는 질문을 받는다면 -아들아 미안하다. 하지만 너도 그렇게 하게나. 우린 천국에서 만날 거야, 널 사랑하지 않는 건 아니란다- 고민 없이 하나님을 선택하겠습니다. 당신 정말 정신이 나갔군요? 라고 손가락질하는 사람도 있겠지만 뭐 어떻습니까? 하나님이 주신 아들은 제 것이 아니니까요. 주인이 빌려주신 걸 다시 돌려받으시겠다는데 무슨 할 말이 있습니까. 제가 누리는 것 모든 것도 마찬가지죠.

우리는 하나님과 1:1 관계입니다. 남이 눈치를 주지, 밥을 줍니까? 남이 욕을 하지 사랑을 주던가요? 하나님이 언제나 내 삶에서 일등입니다. 아들이 몇 등인지 중요한 게 아니라 그냥 하나님이 1등입니다. 그것만 생각하면 나머지는 쉽습니다. 1등만 생각하시면 됩니다. 가장 소중한 분을 웃게 하는 것만 하면 됩니다. 옳은 일에는 타협이 없습니다. 어떤 일이든 하나님을 웃게 하는 일은 옳습니다.

피부과에 가지 않아도
피부미인이 되는 법

사람들은 저에게 이런 말을 자주 합니다.
"혜영씨는 에너지가 늘 좋아요. 피부도 좋은 것 같고, 비결이 뭐예요?"

감사 일기를 쓰기 전에도 하나님의 자녀였지만 어둠의 자식처럼 늘 그늘이 많았어요. 다크서클이 무릎에 머물러 있었죠. 혼자 생각하고 분석하고 자칫 오류에 빠져 어둡게 웅크리고 있었지만, 감사 일기가 습관이 되고부터는 그냥 기분이 좋아집니다. 물론 한순간 극적으로 바뀌진 않았습니다. 처음에는 감사 일기를 쓰는데 욕이 나와서…. 그냥 끄적끄적 썼어요. 그렇게 한참 쓰고 나면 결국에는 자동입력처럼 '감사합니다'가 나오더군요.

감사가 넘치는 삶이 시작되면서 에너지가 좋아지고 피부와 얼굴이 밝아졌어요. 표정이 밝아지니 당연히 얼굴이 환해지고 예뻐집니다. 예쁜 사람에겐 좋은 일이 더 많이 생기더군요. 세상은 밝은 사람에게 더 밝은 자리를 내어주더군요. 밝아지기 시작하면서 생긴 긍정 에너지는 더 많은 일로 들어왔고 더 많은 수익을 만들어 냈습니다.

물론 늘 인생이 밝을 순 없죠. 실수하기도 깨지기도 무너질 때도 있었지만, 뭐든 해석하기 나름 아닐까요. 꿈보다 해몽입니다. 어떻게 해석하느냐고요? 옳고 그름을 따지며 불행하게 살지 않아요. 이런 일이 나에게 일어난 것에 대한 이유를 힘들게 찾지 않는 거죠. 앞에서 이야기했지만 저는 제가 뭘 잘못해서 이런 벌을 받았다고 생각했어요. 그 이유를 찾으려고 노력했고 분석했죠. 그런데요. 제가 해보니까 그런 거 다 아무 소용없습니다. 하나님이 다니엘을 사랑하지 않으셔서 사자 굴에 던지셨을까요? 하나님이 다윗을 사랑하지 않으셔서 사울에게 쫓겨 다니게 하신 걸까요? 굳이 비교하지 않아도 하나님은 저보다 그들을 더 사랑하셨을 겁니다. 성경에 나오는 인물들만 생각해 봐도 고난 없이 눈물 없이 잘 먹고 잘살았다 하는 인물이 없어요. 예수님은요? 예수님도 진짜 속으로 뭣 같으시다 싶지 않았을까요? -예수님 기분 나쁘셨다면, 제가 오해했다면 미리 용서하세요. 무식한 제 생각엔 그렇다는 겁니다- 감히 예수님이 되었다 생각해 봅시다. 왕의 유일한 아들인 내가 지금 여기서 이 꼴을 봐야 해? 이런 마음이 들지 않았을까요? 내가 뭘 잘못했다고 범죄자 취급을 받아야 합니까? 아버지! 제발 이러지 맙시다 하고 싶으셨을 거예요. 그러니까 기도하러 산에 올라가지 않으셨을까요? 협상하러 가신 걸지도 몰라요. 하지만 하나님은 그 고통을 비껴가게 하지 않으셨죠. 하나님이 예수님 사랑하지 않으셨을까요? 누구보다 예수님을 사랑하시겠지요.

다시 우리 이야기로 돌아갈게요. 하나님의 뜻을 고민하지 마세요. 백날 고민해도 몰라요. 당신을 사랑하시기에 지금의 고난이 있습니다. 일 년마다 성경 일독하시는 시간의 십일조를 하시고 재정의 십일조도 확실히 하시고 범사에 감사하시고 부장님 기도하시고 하나님을 미소 짓게 하고 있는데도 고난과 역경이 찾아온다면 그냥 이 또한 하나님의 뜻이며 섭리라고 간단히 생각합시다. 결국은 좋아집니다. 설레는 일만 해도 괜찮은 순간이 반드시 찾아옵니다.

요리에 큰 에너지를 쓰기 싫어하는 제가 아들에게 저녁을 차려 줬습니다. 제가 봐도 뭔가 개떡 같은 몰골이긴 했습니다만 아들은 그 정체 모를 것들을 맛있게 먹더군요. 그래서 제가 물었습니다.
"아들, 배 많이 고팠어?"
"아니, 난 알아. 엄마 요리는 비주얼보다는 맛이라는 걸. 엄마 요리는 생긴 건 좀 그래도 맛은 좋아. 늘 그랬거든. 그래서 난 알아."
녀석의 말이 정답이었습니다. 하나님이 우리에게 주는 개똥(?) 같은 선물에 우리는 미리 겁 먹고 놀라 피할 궁리만 하고 도망갑니다. 선물인데 뜯어볼 겨를이 없지요. 똥 냄새가 날까 봐 도망가기 바쁘죠. 그런데 포장지만 그럴 뿐입니다. 저는 아들의 마음을 압니다. 온전히 엄마를 믿어주는 마음이지요. 진짜 맛없게 생겼지만, 맛이 좋다는 건, 늘 먹어본 아들의 경험이기 때문이겠죠. 아들은 제 요리 실력을 그냥 믿는 겁니다. 저는 그런 아들이 너무 좋습니다.

하나님과 저도 그런 사이입니다. 하나님이 주시는 선물은 고약해 보이는 것들이 많았습니다. 결혼 후 일어난 큰 사건이 대표적이었지요. 게다가 저를 시험에 빠지게 하는 사람들도 한몫 합니다. 받기만 하고, 남 탓만 하고, 이간질을 서슴없이 하고, 거짓말을 하고 험담하고 고집스러운 사람들 말입니다. 한마디로 개똥 같아요. 안 그런 척하면서 등에다 칼을 꽂습니다. 상대하기 힘든 사람들을 만나고, 같이 생활하고, 겪어나가면서 하나님이 주신 선물 포장지를 찬찬히 풀어봅니다. 선물 포장지가 겹겹이 쌓여 있어서 뜯는 데만 시간이 꽤 걸리더군요. 포장지도 형편없이 너덜너덜해 보이고 초라해 보이지만 하나하나 뜯다 보면 어느새 진짜 선물이 내 눈앞에 와 있었어요. 알고 보니 다 하나님 선물이더군요. 저를 훈련하시겠다는 명확한 목표를 가지셨더군요. 하나님의 선물이 진짜 선물이 되는 방법은 감사 훈련입니다. 모든 비밀은 이미 성경으로 다 말씀해 주셨어요. 범사에 감사하라. 지키기 어려운 말이지만 가치는 쉽게 얻어지는 것이 아니잖아요. 피부과 시술을 끊기 전 먼저 감사 일기를 시작해 보세요. 당신의 피부는 몰라보게 맑아질 겁니다.

〈범사에 감사하면 생기는 현상들〉

1. 기분이 좋습니다.
2. 에너지가 좋아집니다.
3. 피부가 좋아지고 예뻐집니다.
4. 좋은 일이 일어납니다.
5. 좋은 일이 아니라도 좋게 받아들여집니다.
6. 그래서 기분이 좋습니다.
7. 다시 이 사이클이 무한 반복됩니다.

그럼에도 불구하고 감사합니다

인생은 선택의 연속이죠. 고민과 걱정이 시작됩니다. A를 선택해도 B가 밟히고, B를 선택해도 C에 미련을 가지게 되며 불안해지죠. 그래서 저는 일단 결정하면 후회하지 않기로 했어요. 물론 제 결정이 늘 옳은 것은 아닙니다. 큰돈을 빌려주고 받지 못한 적도 있어요. 투자라고 했지만 결국 사기였지요. 법정 다툼까지 갔고 승소했지만, 돈은 돌려받지 못했어요. 후회가 생기냐고요? 아니요. 후회해서 달라질 건 없죠. 다음에는 이런 유혹에 흔들리지 않아야겠구나 하는 생각으로 마음을 정리했어요. 그 결과 비슷한 투자제안에는 바로 '노'라는 결정을 내릴 수 있게 되었답니다.

프랜차이즈 계약서에 도장 한번 잘 못 찍었다가 550만 원을 하루 만에 날린 경험도 있어요. 영어교육 사업이었죠. 대표의 교육철학이 어쩌고저쩌고 전국 프랜차이즈가 이러쿵저러쿵 지금 코로나 시기라서 불라 불라 나름 치열하게 고민했고 그렇게 결정했지만, 제겐 맞지 않는 프로그램이었죠. 소비자 보호법에 보호를 받을 수 있는 상황이라 계약금의 어느 정도 돌려받을 수 있다고 생각했지만, 본사에서는 제 계약금을 뛰어넘는 능력 좋은 비싼 변호사를 선임해 버리더군요. 느꼈죠. '피해자가 나 혼자가 아니구나. 이 싸움에서 이기는 방법은 없구나.'라고요. 그러고는 깨끗하게 마음 정리했습니다. 물론 며칠 머리를 싸매고 경우의 수를 생각하고 방법을 찾으려는 노력은 했지만, 달걀로 바위 치기였기에 과감히 버렸습니다. 돈이 많아서 550만 원을 한순간에 날린 것에 대해 아까워하지 않았을까요? 절대요. 피땀 흘려 번 돈인데…. 적은 돈이 아니잖아요. 깨달은 점이 있다면 '저런 식으로 사업하면 망하겠구나.' 입니다. 세상 사람 기준에는 저렇게 해야 성공하는 것처럼 보일지 몰라도 그게 하나님의 방식은 아니니까요. 하나님의 방식으로 사업을 하면 분명 무조건 어떻게든 성공한다는 것을 잘 알고 있습니다.

실패 없는 성공은 없어요. 크고 작은 실패로 돈에 관한 생각을 분명하게 할 수 있었습니다. 가까운 사람이라 해도, 신뢰가 든든한 사람이라고 해도, 돈 앞에선 한순간에 달라질 수 있다는 걸 알기에 잃어도 그만인 돈만 빌려주는 결단력도 생겼죠.
경험으로 인생이 단단해지는 것도 사실이지만 어떤 일이든 첫 경험이라는 건 있잖아요. 그럴 때 우리는 또다시 불안하고 두렵고 결정에 어려움이 생기고 걱정만 생기죠. 상상 못 한 일들에 고통을 받는 경우도

부지기수입니다. IMF가 터져 경제적 불능 상태가 되리라 누가 감히 상상이나 했겠습니까. 자연재해로 인해 하루아침에 삶의 터전을 잃을 거란 생각은요. 암이나 교통사고가 아닌 감기로 인해 목숨을 잃는 사람이 한해 67만 5000명이나 된다는 사실 알고 계셨어요? 우리가 생각지도 못한 일은 언제나 일어납니다. 그러니 당연히 사람들은 불안하고 두려울 수밖에 없죠. 하지만 우리는 크리스천이잖아요. 모든 걸 다 아시는 분이 하나님이십니다. 우리에게 고통을 주려고 이 일들을 만들어 내신 게 아니랍니다. 내일 일은 내일 염려하라는 말씀이 더욱 다가올 수밖에 없어요.

말이 쉽지 그게 쉽냐고요? 쉽습니다. 반대로 생각해 볼게요. 걱정한다고 달라질 일도 아닌데 그냥 그때 가서 걱정하자고요. IMF가 언제 터질지 모르니까 늘 걱정해야 하는 건 아니잖아요. 감기로 죽을지도 모른다고 염려한다고 달라지는 게 있을까요? 산불이나 태풍으로 우리 집이 없어질지 몰라 근심한다고 인간이 할 수 있는 일은 없어요. 고민하고 걱정한다고 달라지지 않아요. 그러니 그냥 오늘을 삽시다.

암에 걸리면 내가 할 수 있는 일보다 의사가 할 수 있는 일이 절대적이겠지요. 불이 나면 내가 할 수 있는 일보다 소방차가 할 수 있는 일이 많아요. 우리는 의사나 소방차는 의지하면서 왜 하나님은 의지하지 않는지 반성해야 해요. 의사 선생님을 믿지 말란 의미가 아닙니다. 기도만 하라는 뜻도 아닙니다. 더 큰 존재인 하나님을 잊지 말아야 합니다. 무슨 일이 있어도 나에게 가장 좋은 길을 주실 거란 믿음을 가지면 내가 걱정하는 큰일이 별일 아니란 생각이 듭니다. 평안함의 시작이죠. 두려움과 걱정 불안은 하나님이 우리에게 주시는 마음이 아닙니다.

내 결정에 삶이 달라질 수 있다고 생각했는데 그렇지 않더군요. 내가 잘났다는 생각, 내가 모든 걸 할 수 있다는 착각, 그게 바로 교만이라는 걸 깨닫고 나니 처음에는 받아들이기 힘들었고 마음이 불편했지만, 시간이 지나고 하나님을 좀 더 알아가면서 확실히 마음이 편해졌습니다. 내가 할 수 있는 일은 없습니다. 그러니 하나님이 기뻐하시는 일을 먼저 선택합니다. 무슨 선택을 해도 하나님이 괜찮다 하실만한 일에는 빠른 결정을 합니다. 고민하는 시간을 줄이는 거죠. 실패하면 어떻습니까? 다음엔 안 하면 되죠. 근심하는 시간을 줄이고 평안한 시간을 스스로 허락해도 됩니다. 불안해하는 마음이 생기면 의심이 생기잖아요. 의심이 들어올 시간을 주지 않는 겁니다. 그냥 믿고 쭉 나갑니다. 불안한 마음은 하기 전에 드는 마음일 뿐입니다. 문제가 생기면 해결하면 됩니다. 일어나지도 않은 일에 대해 경우의 수를 다 따져가면서 고민하고 걱정하고 두려워할 필요 없습니다. 차라리 일이 터지고 나서 원망하고 떼를 쓰고 울고불고하세요. 그게 차라리 정신건강에 좋습니다. 빨리 낫는 법이기도 하지요.

완벽한 인생 오늘부터 시작

"사는 게 너무 힘들어, 엄마."
초등학교 5학년 아들이 이렇게 푸념을 늘어놓더군요.
"그럼 네가 꿈꾸는 완벽한 인생은 뭐야?"
"음…. 아침에 느긋하게 일어나 10시쯤 학교 가고 점심을 먹고 운동장에서 애들이랑 한 3시간 체육을 하는 거야. 집에 와서 다시 애들이랑 한 7시까지 자전거 타고 놀다가 집에 와서 씻고 편하게 배달음식을 하나 시켜 먹으면서 유튜브를 보고 한 11시쯤 자면 딱 완벽할 거 같아."
'이 자식을 그냥 콱, 마!' 말은 못 하고 속만 부글거립니다. 부모의 마음과 아이의 마음이 합쳐지는 순간은 제가 세상을 떠나는 날 정도가 될까요?
하나님은 자녀 된 우리를 보며 어떤 생각을 하실까요? 꿈이 놀고먹는 백수라고 이야기하는 사람들이 많습니다. 아버지는 이 이야기를 듣고 어떤 마음이실까요? '내가 이 꼴 보려고 널 만든 줄 아느냐?' 하시지 않을까요? 육체의 부모님도 매일 놀고먹는 게으른 자녀를 보면서 '그래 네가 행복하니 참 다행이다' 하지 않을 거잖아요.

남들이 다 부러워할 만한 완벽한 인생을 살고 있다 자부했습니다. 교만의 꼭대기에 있을 때 한순간 모든 기준을 내려놓게 하시더군요. 따져 물었고 원망하고 좌절했습니다. 시간이 지나보니 제가 바라던 것은 허세였고 남에게 보여주기 위한 것뿐이더군요. 내 인생에서 하나님은 크지 않았습니다. 이웃에 대한 마음은 눈곱만큼도 없었어요. 주일날 교회에 착실하게 나가 적당히 잘 봉사하고 속으론 으스대면서도 겸손한 척 행복해 보이는 가정을 이루면 된다고 생각했었습니다. 가치 있게 생각한 건 다 똥이었습니다. 불행의 구렁텅이에 빠져보니 나만 이렇게 똥통에 빠져 사는 게 아니란 것도 알게 되었습니다. 문제없는 집은 하나도 없더군요. 이웃의 불행을 모르는 이유는 당신이 그만큼 불행하지 않기 때문이에요. 다들 각자의 사정이 있어요. 돈이 많다고 행복할까요? 돈의 노예가 되어 사는 불쌍한 사람들이 얼마나 많은지요. 내 생각에 완벽하다고 생각하는 것이 하나님 눈에는 완벽하지 않습니다.

우는 것도 지친 어느 날 성경을 읽는데 욥기가 들어옵니다. 평생을 교회에 다닌 제가 욥을 모를 순 없지요. 그런데 그날따라 이런 생각이 드는 겁니다.

'나는 멀었네. 멀었어. 괜히 하나님께 시비를 걸어가지고 오는 복을 다 차버렸구나. 복을 넘치도록 주시기 전에 나를 시험하셨는데 그걸 못 참고 부들부들 이를 갈았구나. 아직 그 정도밖에 되지 않는구나.' 아차! 싶더군요.

괜히 원망하고 시비를 걸고 싸움을 걸고 미워했습니다. 이 또한 감사하는 마음으로 견디고 입 다물고 버틸걸. 괜히 쓸데없이 원망해서 있던 점수들 호로록 다 까먹었다고 생각하니 섭섭한 마음이 들더군요. 이제부터는 욥처럼 살아볼까 생각합니다. 어떤 일이든 나에게 오는 고난과 시련을 묵묵히 견디며 '그럴 수도 있지, 하나님 뜻이 있으시겠지, 나를 단련하시는 이유가 분명 있을 거야. 다음 단계로 점프를 위한 하나의 과정일 뿐이야. 얼마나 크게 쓰시려고 이런 성장통을 주시는 건가, 어쨌든 감사합니다.' 하는 마음을 먹으려고 합니다.

이런 저에게 '그럼 어디 한번 맛봐라' 하시면서 또 다른 고난을 주실까 내심 걱정도 됩니다만 저는 선포하고 확언합니다. 새로운 시련에 무너지고 쓰러질 수 있겠지요. 살려달라고 소리치고 애원하겠지요. 하지만 원망만은 하지 않으려고 합니다. 그냥 감사하겠습니다.

욥은 한순간 모든 것을 잃었습니다. 모두가 동경하는 삶에서 모두의 동정을 받는 삶을 살게 되었죠. 한 가지 불행만 닥쳐도 우리는 벌벌 떨며 어쩔 줄 몰랐겠지만, 욥은 그러하지 않았습니다. 하나님을 철저히 믿었으니 가능하겠지요. 왜 나는 욥과 같은 복을 받지 못하느냐의 질문에서 왜 나는 욥과 같은 믿음이 없는 것이냐고 바뀌는 순간이었죠.

우리는 아는 게 하나도 없습니다. 매일 쓰는 와이파이도 프린터기도 자동차가 어떻게 굴러가는지도 이해 못 하는 멍청이가 어찌 신의 영역을 이해하려 할 수 있을까요? 하나님의 마음과 뜻을 알려줘도 이해 못 할 거면서 알지 못해 답답해하는 건 또 무슨 놀부 심보랍니까?
하나님의 뜻을 알지 못합니다. 사람의 마음도 모르면서 심지어는 내 마음도 모르면서 감히 하나님의 마음에 딴지를 거는 건 어리석은 겁니다. 답답해하지 않기로 했습니다. 한 가지만 알면 됩니다. 하나님은 나를 자녀 삼으셨고 나를 사랑하십니다. 어떤 일을 하시든 그건 나를 사랑해서입니다. 욥을 미워해서 욥에게 시련을 주신 게 아닙니다.
"하나님 저에게 시련 당하는 고통 대신 그 뒤에 주실 영광을 기대하게 하세요. 하나님 뜻을 알지 못합니다. 알 때까지 느낄 때까지 제가 버틸 수 있게 하시고 입술을 지키시고 마음을 지키셔서 흔들릴 때마다 옆에 있는 천사가 저를 지켜낼 수 있게 좀 더 강하고 든든한 천사를 보내주세요. 이 모든 것에 감사할 수 있는 마음과 주님이 주신 평안 속에 살게 하세요. 어둠이 지나가야 빛이 있음을 고백합니다. 제 인생의 어둠의 시간이 1이라면 10배로 빛나는 영광이 찾아올 것을 믿습니다. 인내할 힘을 주세요. 하나님은 저를 사랑하시고 사랑의 방식을 있는 그대로 받아들이게 하소서. 주님이 하시는 모든 일이 옳습니다. 믿습니다. 감사합니다."

오늘도 주절주절 감사로 사랑을 고백합니다. 백 번을 들어도 질리지 않는 말이 감사합니다! 아닐까요. 천 번 만 번을 해도 부족한 말이 감사합니다! 아닐까요. 모든 게 다 하나님 덕분입니다. 감사합니다. 아니라고, 그렇지 않다고, 당신이 내 처지가 어떤지 몰라서 그렇다고, 가슴을 부여잡고 머리를 싸매고 누우신 분이 분명 있을 겁니다. 너는 감사할 일 많아 좋겠다고 딴소리를 하시는 분도 있겠지요. 그렇다면 지금 당장 하나님, 감사합니다! 딱 백 번만 소리 내어 이야기해 보십시오. 1분 22초만 있으면 충분합니다. 고맙습니다.

다 이유가 있을 거라는 기대

이 책을 쓰기 시작한 지 2주가 지났을까요? 멘탈이 탈탈 털리는 일이 일어났어요. 아이 아빠가 간암이랍니다. 청천벽력 같은 소식이었죠. 그 이야기를 듣는데 우두둑 툭 하며 댐이 터지는 소리가 머리에서 시작되더니 온몸으로 퍼져 가기 시작했어요. '이렇게 아등바등 살아서 뭐 하나, 몸 아프면 모든 게 끝이구나.' 싶은 마음만 들더군요. 팽팽했던 제 일상들이 갑자기 느슨해지기 시작했어요. 아무것도 하고 싶지 않은 상태, 가만히 있어도 최선을 다해 손끝조차 움직이기 싫은 무기력의 시작되었죠. 그런데 제 입에서 놀랄만한 이야기가 불쑥 튀어나왔습니다.
"간 이식 내가 해 줄게."
순식간에 일어난 일이었어요. 간 이식에 대한 어떠한 정보도 없었죠. 태어나 단 한 번도 생각해 본 적도 없는 일이었지만 무작정 이 사람을 살려야겠다는 생각만 들었어요. 그래서 저도 모르게 그 말이 입 밖으로 훅 튀어나와 버렸답니다. 정상적인 부부도 아닌데 이런 마음이 어디서 왔을까요? 스스로가 미친 것 같다는 생각도 잠시 했어요. 하지만 이미 말은 입 밖으로 나가 버려서 되돌릴 수 없었죠.

말은 그렇게 했지만 제 신세가 처량하더군요. 굳이 꼭 이렇게까지 저를 벼랑 끝으로 몰아내는 하나님이 이해되지 않았어요. 노트북을 펼쳐서 치유의 글쓰기를 시작하려고 했죠. 일명 '똥 빼기'라는 건데 제 마음에 있는 이야기를 아무런 제약 없이 다 써 내려가는 거예요. 하나님 정말 너무하신다고 글을 써 내려갈 마음이었어요. 어떻게 저에게 그러실 수 있냐고 따질 참이었어요. 그런데 첫 줄을 쓰고 눈물이 왈칵 쏟아져 더는 아무런 말을 쓸 수가 없었어요. 노트북엔 이렇게 적혀있더군요.
'하나님, 다 감사합니다.'
앞서 제가 욥을 이야기했잖아요. 욥처럼 살지 않으면서 욥이 받은 은혜를 받겠다고 몸부림쳐서는 안 된다는 내용이었죠. 욥의 태도는 눈곱만큼도 없으면서 욥처럼 사랑받고 싶다는 욕심을 가지지 않겠다고 고백했는데 너무도 빨리 그 약속을 지켜야 하는 상황이 생겨버린 겁니다. 정말 다행스럽게 욥만큼은 아니겠지만 적어도 어제의 저는 없었습니다. 실컷 하나님 원망을 하고 나 자신을 안타깝게 여기는 글로 자신을 위로하려 했지만, 손가락은 감사한다는 고백을 하고 있었으니까요. 저도 이런 저 자신이 믿어지지 않더군요.

하루아침에 세상을 떠나는 사람들이 얼마나 많아요? 갑작스러운 사고로 가족과 생이별을 하는 사람들이 하루에도 몇 천 명 혹은 몇 만 명이나 될 텐데 암 선고를 받았다고 내일 죽는 것도 아닌데 뭘 그리 호들갑을 떨어야 하냐는 생각이 들더군요. 물론 당사자가 아니니, 제 간에 암이 생긴 게 아니니 그렇게 생각할 수도 있지 않냐고 하실 수 있겠지요. 그것도 맞습니다만 아이를 키우는 부모 입장이라면 아이 아빠의 좋지 않은 소식은 충분히 저를 두려움에 벌벌 떨게 할 수 있는 것도 이해하실 수 있으실 거예요. 게다가 저는 덥석 간 이식을 해 주겠다고 큰소리까지 친 상황이잖아요. 그래야 한다는 확고한 마음이 드는 저 자신도 미웠고, 제 선택에 너무 쉽게 동의해 주시는 부모님도 조금은 미웠어요. 남들에게 일어날까 말까 하는 큰일들이 쉬지 않고 터지는 것도 고통스러웠어요. 하나님은 왜 저에게 이런 시련과 상처를 주시는 겁니까? 따져 묻고 싶었지만, 손가락은 말을 듣지 않았어요. 입으로도 머리로도 마음으로도 하나님을 원망하지 않기로 한 것을 지킬 수 있게 되어 정말 다행이란 생각만 들었답니다. 잠시 마음속으로 외쳤어요.

'아하! 나 욥 따라 하기 1% 성공! 하나님 보셨죠? 이런 마음 주셔서 정말 감사합니다.'

다 이유가 있을 거라는 기대가 생겼어요. 그게 무엇인지 당연히 알지 못하죠. 제가 감히 어떻게 앞날을 알 수 있을까요. 점을 치는 사람들

신접한 사람들은 과거를 정말 귀신같이 맞춘다고 하죠. 진짜 귀신이 하는 일이라고 생각해요. 하지만 제아무리 과거를 맞춘다 해도 미래를 맞출 순 없잖아요. 그게 가능하다면 그들은 이미 로또 번호를 알아내 벼락부자가 되었을 테니까요. 오를 주식을 왕창 사거나 부동산에 몰빵했겠죠.

하지만 하나님은 급이 다릅니다. 비교 자체를 거부하시죠. 하나님은 어제의 하나님이 아니라 내일의 하나님으로 오늘 나를 마주하고 계시니까요. 하나님은 미래의 내 모습을 이미 완성해 놓으신 건지 몰라요. 원하시는 모습과 삶으로 인도하시는데 순종하기만 하면 됩니다. 반항하지 않고 '네 알겠습니다. 분부대로 하겠습니다.' 하면 끝나는 일입니다. 시키면 시키는 대로 하는 게 얼마나 편한지 생각해 보셨어요? 물론 저는 단순노동을 좋아하지 않아요. 생각 없이 똑같은 일에는 금방 지쳐버리죠. 30분도 버티지 못할 인내력입니다. 하지만 하나님 앞에 순종하는 것은 이런 것과는 다릅니다.

욥처럼 살진 못했지만 적어도 욥의 한 시간은 따라 한 것 같아 기뻤습니다. 한 시간이 하루가 되고 하루가 한 달이 되도록 살면 되겠지요? 흐뭇한 마음이 올라옵니다. 제가 이렇게 기쁜데 하나님 마음은 오죽하실까 생각해 봅니다. 이웃을 사랑하는 마음이 있는지 시험해 보시려고 이 타이밍에 아이 아빠에게 간암 선고를 내리신 게 아닐까 하는 생각도 들더군요. 위암이나 대장암이라면 제 것을 내어주겠다고 이야기할 순 없으니까요. 이 또한 만구 제 생각이겠지만 분명한 건 이제는 어떤 일이와도 하나님을 원망하지 않을 겁니다. 욥의 하루가 저의 하루가 되길 그게 하나님을 웃게 하는 일이란 걸 확실히 알고 있으니까요. 무슨 일이 있더라도 결국은 웃게 될 거라는 걸요. 이것이 자녀를 사랑하시는 하나님의 철저한 계획이라는 걸 또 한 번 고백합니다.

신접한 사람들은 과거를 정말 귀신같이 맞춘다고 하죠. 진짜 귀신이 하는 일이라고 생각해요. 하지만 제아무리 과거를 맞춘다 해도 미래를 맞출 순 없잖아요. 그게 가능하다면 그들은 이미 로또 번호를 알아내 벼락부자가 되었을 테니까요. 오를 주식을 왕창 사거나 부동산에 몰빵했겠죠.

하지만 하나님은 급이 다릅니다. 비교 자체를 거부하시죠. 하나님은 어제의 하나님이 아니라 내일의 하나님으로 오늘 나를 마주하고 계시니까요. 하나님은 미래의 내 모습을 이미 완성해 놓으신 건지 몰라요. 원하시는 모습과 삶으로 인도하시는데 순종하기만 하면 됩니다. 반항하지 않고 '네 알겠습니다. 분부대로 하겠습니다.' 하면 끝나는 일입니다. 시키면 시키는 대로 하는 게 얼마나 편한지 생각해 보셨어요? 물론 저는 단순노동을 좋아하지 않아요. 생각 없이 똑같은 일에는 금방 지쳐버리죠. 30분도 버티지 못할 인내력입니다. 하지만 하나님 앞에 순종하는 것은 이런 것과는 다릅니다.

욥처럼 살진 못했지만 적어도 욥의 한 시간은 따라 한 것 같아 기뻤습니다. 한 시간이 하루가 되고 하루가 한 달이 되도록 살면 되겠지요? 흐뭇한 마음이 올라옵니다. 제가 이렇게 기쁜데 하나님 마음은 오죽하실까 생각해 봅니다. 이웃을 사랑하는 마음이 있는지 시험해 보시려고 이 타이밍에 아이 아빠에게 간암 선고를 내리신 게 아닐까 하는 생각도 들더군요. 위암이나 대장암이라면 제 것을 내어주겠다고 이야기할 순 없으니까요. 이 또한 만구 제 생각이겠지만 분명한 건 이제는 어떤 일이와도 하나님을 원망하지 않을 겁니다. 욥의 하루가 저의 하루가 되길 그게 하나님을 웃게 하는 일이란 걸 확실히 알고 있으니까요. 무슨 일이 있더라도 결국은 웃게 될 거라는 걸요. 이것이 자녀를 사랑하시는 하나님의 철저한 계획이라는 걸 또 한 번 고백합니다.

6장
하나님의 사랑은 어디쯤

이웃사랑 라이프

입에 쓴 초콜릿이 진짜입니다

한 편집장님의 연락을 받았습니다. 한번 만나자고 하시더군요. 겸사겸사 서울에 올라가 그분을 만났고 한순간 멘탈이 털렸죠. 성공하고자 하면 하나의 일에 집중하라고 하셨어요. 지금 제가 펼쳐 놓은 분야가 너무 다양해 저만의 색깔이 없어질 수 있다고 염려 섞인 말씀을 하시더군요. 저는 바로 조언을 구했습니다.

"대표님, 진심 어린 말씀 정말 감사합니다. 그런데 앞으로 제가 어떻게 해야 할지 전혀 모르겠습니다. 제가 친동생이라고 생각하시고 편하게 구체적인 조언을 해 주시면 정말 감사하겠습니다."

영어면 영어, 육아면 육아로 전문가가 되라고 하시더군요. 그렇게 해야 성공할 수 있다 하셨습니다. 한 분야를 정했으면 그쪽으로 대학원을 다니고 지역 커뮤니티를 형성하고 깊은 팬층을 확보하라고 하시더군요. 집으로 돌아오면서 머리가 띵 했어요. 맞는 말이라고 생각했지만 하나를 결정할 수 없었습니다. 저는 제가 하는 모든 일이 다 좋았거든요.

갈등이 생긴 이유는 저의 핵심 가치인 '이웃사랑 실천'이었습니다. 새로운 일의 시작은 늘 누군가에게 도움이 되고 싶어서였습니다. <똥쌤의 3초 영문법>이란 책을 쓴 이유는 영문법 때문에 스트레스 받는 아이들을 위해서였습니다. 육아에 스트레스 없이도 이렇게 편하게 키울 수 있다는 이야기를 엄마들에게 전하고 싶어 <아들 엄마 좀 나갔다 올게>과 <힘 빼고 육아>를 썼습니다. 사교육에 너무 투자하지 않아도 아이들 영어 문제없다는 메시지를 전하고 싶어 <아이 주도 초등영어의 힘>을 썼습니다. 기도를 편하게 하면 좋겠다는 마음으로 <아이를 위한 매일 3분 기도 하브루타>를 썼지요. 지금도 마찬가지입니다. 하나님이 저에게 주신 복의 원리를 깨달아 가면서 크리스천들에게 제가 깨우친 방법을 공유해 드리고 싶었습니다. 세상을 훨씬 더 쉽고 편안하게 사는 법, 무엇 하나도 포기하지 않아도 되는 삶, 하나님의 부자가 되는 방법을 공유하고 싶었습니다.

치열한 청춘을 살면서 바라는 게 하나 있다면 멘토를 가지는 것이었습니다. 누군가 옆에서 이렇게 하면 된다, 저렇게 하는 게 낫겠다고 답을 딱딱 주는 혹은 저와 같은 고민을 한 유경험자의 경험담을 듣고 싶었습니다. 그런데 신앙 서적은 죄다 훌륭하신 목사님들이 쓰신 책이라 크게 와 닿지 않았습니다. 마음속으로는 늘 이런 생각으로 똘똘 뭉쳐 있었거든요.
'목사님은 목사님이잖아요. 목사님은 하나님의 사람이라 세상 사람들의 어려움은 모르시잖아요. 저는 지금 당장 먹고살기도 빠듯하다고요. 그런데 까놓고 말하면 목사님은 어떻게 되든 교회에서 사례금은 받으시니 나름 안정적 생활은 가능하시겠죠. 저랑 입장이 아예 다르다고요. (물론 박봉인 건 압니다만)'

그래서 저는 이 책을 씁니다. 목회자들이 감히 대놓고 이야기할 수 없었던 크리스천이 복 받는 비결을 제 방식으로 씁니다. 제가 영어전문가가 되었다면 절대 쓸 수 없었던 일이겠지요. 너무 뜬금없으니까요. 제가 육아 전문가라고 해도 어려웠겠지요. 결이 맞지 않으니까요. 제가 감히 생각할 수 없는 방식으로 하나님은 일하십니다. 그게 무엇이든 작은 일에 충성하는 종으로 그저 하라시면 합니다. 납작 엎드리는 순종의 자세가 있으면 하나님은 당신의 삶을 열정적으로 응원하십니다. 좀 못 하는 일이 있어도 덮어주시고 부족하면 채워주십니다. 실력을 쌓을 환경을 마련해 주시고 도울 사람을 보내주십니다. 왜요? 하나님은 여러분을 아니 불평 없이 작은 일에 충성할 줄 아는 하나님의 자녀를 사랑하시니까요.

<인생의 태도>라는 책에서 또 다른 해답을 찾았습니다. No-limit이라고 한계가 없는 사람이라는 이야기를 하더군요. 이거다 싶더군요. 자신의 한계를 만들 이유가 없었어요. 한계가 없으신 하나님이 선택한 사람 또한 한계란 건 없습니다. 그 한계는 하나님이 정하신 겁니다. 모든 일의 선택권은 나에게 없음을 고백합니다.

사장님이 아르바이트생에게 일을 시킵니다. '화장실 청소하세요.' 명령에 선택권이 없습니다. '네' 대답은 하나죠. 당연한 일입니다. 화장실 청소가 하찮다고 냄새난다고 어렵다고 툴툴거릴 새가 없습니다. 싫다고 다른 곳에 가면, 화장실 청소를 안 할까요? 어디든 화장실은 존재합니다. 어디든 화장실 청소할 사람은 필요합니다. 피하고 도망 다닌다고 해서 화장실 청소를 하지 않아도 되는 건 아닙니다. 겪어보니 분명한 믿음이 생깁니다. 화장실 청소를 정말 말끔하게 하게 되면 더는 화장실 청소를 안 해도 된다는 걸요. 화장실에서 사무실 청소로 내 영역이 넓어집니다. 1평짜리 화장실을 청소하다가 10평짜리 사무실로 영역이 넓어지고 그러다 보면 백 평짜리 운동장으로 옮겨질 수도 있고 만 평짜리 축구장으로 옮겨질 수도 있습니다. 화장실만 잘 참아내면 그 뒤로는 순식간입니다. 매일 변기나 닦아야 하는 자신이 한심스럽고 답답할 때가 있을 겁니다. 끝이 보이지 않죠. 암담하기만 할 겁니다. 내가 고작 화장실이나 청소하려고 세상에 태어났을까 하는 생각이 들었어요. 그때는 정말 몰랐습니다. 이 어려움과 시련이 내 인생을 밝혀줄 진짜 거름이 되리란 걸 말입니다.

오늘에 매몰되지 마세요. 자신을 작게 여기지 마세요. 하나님은 큰 분이십니다. 그분의 큰 계획을 우리가 모를 뿐이죠. 너무 슬퍼하거나 좌절하지 마세요. 오늘이 당신 인생의 마지막이 아니니까요. 하찮고 더럽고 냄새나는 똥이 거름이 되는 순간은 인내입니다. 내일을 기대하면서 하나님의 계획을 믿고 작은 일이 충성해 보세요. 스스로 작은 꾀에 넘어가는 순간, 당장 달콤함과 협상하는 순간, 눈앞의 이익에만 몰두하는 순간, 성장은 멈춥니다.

사람도 마찬가지입니다. 화장실 청소를 할 때 만났던 사람들은 하나같이 화장실 청소를 하는 힘든 노동자였습니다. 마음이 강퍅해서 서로에게 상처를 주고 헐뜯고 무시하고 뒷말이 생활한 된 사람들이었죠. 관계의 통통 속에 살았습니다. 그래서 서로 다투기에 급급했죠. 하지만 시간이 지나면서 관계의 통통도 자연스레 정리되더군요. 작은 일에 순종하다 보면 큰일을 맡게 되고 자연스레 작은 사람 대신 큰 사람들을 만나게 됩니다. 내 마음의 그릇이 커져 더 많은 사람을 품게 될 수 있을 때, 그에 걸맞은 자리가 나에게 옵니다. 이러한 성장 또한 공짜는 없습니다. 관계의 어려움 속에 있다면 잊지 말아야 합니다. 작은 관계에 충성된 종이 큰 관계 속에 지도자가 될 수 있습니다. 작은 관계의 어려움을 이겨낸 경험이 있어야 큰 지도자가 됩니다.

멋진 일은 한다는 건 힘이 든다는 겁니다. 가치 있는 일은 다 힘듭니다. 힘이 든다고 불평하는 건 그냥 이렇게 평생 살겠다는 겁니다. 자신의 성장은 힘듦에서 시작합니다. 달콤한 성장이란 없습니다. 입에 쓴 초콜릿이 진짜입니다. 처음부터 달콤한 초콜릿은 세상 어디에도 없습니다.

앞으로는 비즈니스만 타겠습니다

내일 일은 내일 염려하라는 설교 말씀을 들으면서 이런 생각을 했습니다.
'목사님은 내일 뭐 먹을지 고민 안 해도 될 겁니다. 왜냐면 성도님들이 있으니까요. 목사님은 굶어 죽을 일 없을걸요. 그러니 내일 일은 내일 걱정해도 된다 하시겠지요. 정말 현실감각 제로예요. 목사님 생각만 하지 마시고 성도들 생각도 좀 해 보시라고요. 저는 내일 당장 직장에서 잘릴지도 모른다고요. 다음 달 월급이 안 들어오면 뭐 먹고 삽니까? 이런 치열한 삶 속에 한 번이라도 살아보셨어요? 당치도 않습니다.'
이랬던 제가 내일 일은 내일 염려하는 삶을 삽니다. 좀 더 솔직하게 이야기하면 그냥 묵묵히 내일 일을 내일 할 뿐 염려 근심 걱정도 딱히 없습니다. 물론 제 삶은 그리 안정적이지 않습니다. 바다 위 작은 배 같다고 할까요? 하지만 매일 기쁘고 평안합니다. 걱정이 없어요. 이유는 아주 간단합니다. 저와 하나님과의 관계가 아주 안정적이기 때문이지요.

피부 상태가 불안정하면 얼굴에 뾰루지가 많이 올라오죠. 연인 사이에서도 처음에는 많은 오해로 다툼이 생기지만 안정적인 관계가 되면 모든 게 쉽습니다. 신뢰와 믿음으로 굳건해지고 사랑이 넘칩니다. 하나님과 저의 관계가 딱 그렇습니다. 둘 사이가 안정적이면 아무런 문제가 생기지 않습니다. 모든 것이 평안하고 즐거우니까요. 걱정이 없습니다. 이렇게 속 편하게 살아도 될까 싶어요.

무엇과도 바꿀 수 없는 평안함이 늘 있어요. 불과 몇 년 전까지만 해도 매일 통장 잔액을 들여다봤습니다. 수업료가 하루 이틀 늦게 들어오면 조바심이 났습니다. 다음 달 이자에 대해 고민을 했습니다. 일하면서도 늘 이런 생각을 했죠.

'아…. 나 뭐 먹고 살지? 내가 언제까지 이 일을 할 수 있을까? 노후는 어떻게 하지? 늙어서 너무 힘들게 살고 싶진 않은데….'

지금은 그런 걱정이 전혀 없습니다.

'나 뭐 먹고 살지?'라는 질문은 '하나님 있는데 뭔 걱정이야.' 자동 생성입니다. '내가 언제까지 이 일을 할 수 있을까?'란 질문에는 '지금까지 내가 잘 먹고 잘산 것도 하나님 덕이지, 내가 한 건 없잖아. 알아서 해 주시겠지. 뭔 걱정이야.' '노후는 어떻게 하지?'라는 질문에는 '정작 내일 일도 모르는데, 30년 뒤 생각을 벌써 해 봤자 시간만 아깝지. 뭔 걱정이야. 하나님 기대할게요.' 합니다. 여기에는 공통된

정답이 있습니다. '뭘 걱정이야.'

'맡기는 삶'이란 내가 아무것도 할 수 없음을 인정하는 겁니다. 아이는 부모에게 온몸을 맡깁니다. 어린아이가 부모 품에 안겨 있을 때 혹여 아빠가 나를 바닥에 떨어트리지는 않을까 고민하거나 염려하지 않습니다. 그런 걱정과 불안이 아무런 도움이 되지 않죠. 돌도 안 된 아이는 스스로 걷거나 뛸 능력이 없습니다. 오롯이 자신의 안전을 부모님께 100% 신뢰하고 의지합니다. 그게 맡기는 거죠. 도박하는 사람들은 인생을 도박에 맡기는 겁니다. 그래서 어리석은 사람이라고 하죠. 반면에 저는 하나님께 오롯이 제 인생을 맡깁니다. 부모에게 안긴 어린아이 같은 마음이지요. 제가 할 수 있는 건 없어요. 제가 뭐 잘 하는 게 있습니까? 잘난 게 있습니까? 먹고사는 건 다 하나님 은혜인데 제가 뭐라고 고민하고 걱정하고 번뇌에 사로잡혀 골치 아파하며 힘들게 살아야 합니까? 세상에서 가장 큰 빽이 뒤에서 든든하게 받쳐주고 있는데 그냥 믿기만 하면 되는 일입니다.

대기업에 일하는 아르바이트생이 대기업 회장님이 하는 일을 할 수 있을까요? 어림도 없는 일이죠? 회사 경영상태가 어떻고 국가 위기가 어떻고 그런 걸 공부하고 대비하는 건 회장님이나 하실 일이죠. 아르바이트생은 그저 깨끗이 매장 청소 잘하고 손님에게 인사 잘 하고 계산 잘하면 됩니다. 저는 그렇게 살려고요. 골치 아프고 제 수준에서

답이 나오지 않는 문제에 관해 깊이 고민하지 않습니다. 제가 할 수 있는 일 즉 제가 해야 하는 일, 제 분수를 알고 맡겨진 일 주어진 일에 최선을 다할 뿐입니다. 내일 일은 내일 걱정하라 하셨으니 말씀대로 먼 미래 일을 당장 지금 일어난 일처럼 호들갑 떨면서 불안해하지 않습니다.

현대인들은 늘 불안해합니다. 어찌 보면 당연한 것 같이 느껴지기도 합니다. 모두가 불안해하니 불안해하지 않는 제가 가끔 이상해 보이기도 하고 너무 천하태평으로 사는 것 같아 제 감정을 주변에 이야기 못 할 때도 많습니다.
'저는 사실 걱정이 없어요. 불안한 것도 없고 근심할 일이 없어요.' 라고 이야기를 하면 오히려 불편한 상황이 되더군요. 그래서 그냥 입을 다물어요. 이 책에서만 이렇게 이야기를 해 봅니다. 왜냐면 당신도 저처럼 살면 좋겠거든요.
하나님을 믿는 당신이 불안해하지 않았으면 좋겠습니다. 하나님의 자녀니까요. 우리는 그런 특별한 존재인데 당신이 가진 특권을 맘껏 누리지 못하고 사는 것 같아 안타까워요. 하나님이 주시는 복 중에 가장 큰 복이 마음의 평안입니다. 마귀가 주는 불안감에 따위에 사로잡혀 자신의 특권을 잊고 살지 않길 진심으로 바라요.

비즈니스 클래스로 유럽에 간 적이 있습니다. 코로나가 터지기 전 운

좋게 다녀왔지요. '내가 비즈니스 클래스를 타다니! 이런 세상에!' 이제까지 타고 다닌 이코노미석과는 정말 다른 세상이더군요. 같은 비행기가 맞나 싶을 만큼 차원이 달랐어요. 플라스틱 식기 대신 진짜 포크와 나이프가 나오더군요. 은박지 도시락이 아니라 동그랗고 하얀 진짜 접시가 나옵니다. 없는 게 없더군요. 그중에서도 제일 좋았던 점이 무엇이었을까요?

"기다릴 일이 없어요."

어딜 가도 줄이란 걸 서지 않더군요. 참 신기하죠. 기다리는 시간이 없었습니다. 그래서 기도합니다.

"하나님, 저 비즈니스 클래스로 업그레이드해 주세요. 줄 서서 기다리기 싫어요. 하나님께 납작 엎드릴게요. 계속 비즈니스 태워 주실 거죠?"

비행기 탑승을 위해 줄을 서고 대기를 합니다. 식사나 음료 서비스를 받을 때도 기다려서 순서를 지켜야 합니다. 비행기를 타고 내릴 때도 엄청난 인내가 필요하지요. 심지어 짐을 찾을 때도 마찬가지예요. 모든 순간에 기다림이 필요합니다. 하지만 비즈니스 석을 예약했다면 이야기는 달라집니다. 천국에 가는 길엔 늘 비즈니스석에 앉길 바랍니다. 하나님과의 관계에서 늘 비즈니스 클래스 탑승객이었으면 합니다. 그런데 요즘 제가 하나님 비행기에 비즈니스 탑승객이라는 확신이 듭니다. 그걸 어떻게 아느냐고 하시겠지요? 비즈니스 석에 앉게 되면 그 느낌이 확실히 옵니다. 하나님이 주시는 서비스의 순서를 줄 서서 기다릴 이유가 없어요. 손짓 하나에 눈길 한 번에 전용 서비스가 딱딱 기다리고 있어요. 그 맛을 한번 느껴보면 잊을 수 없답니다. 업그레이드된 관계에서 받는 하나님이 주시는 축복의 질은 이전과는 비교 불가합니다.

〈하나님 비즈니스 클래스 승객의 공통점〉

1. 걱정이 없습니다. 머리를 대면 바로 깊은 숙면에 취합니다.
2. 마음이 평안합니다. 얼굴에서 빛이 납니다.
3. 늘 즐겁습니다. 내일이 기대되니까요.
4. 시련이 와도 딱히 슬프지 않습니다. 충분한 이유가 있음을 아니까요.
5. 몸과 마음이 건강합니다. 불안할 이유가 없으니까요.
6. 내가 품어야 할 이웃이 한 눈에 보입니다. 이웃사랑 실천 상태가 자동이니까요.
7. 인생이 참 쉽게 흘러갑니다. 자동 운항 시스템이 세팅되어있거든요.
8. 고래고래 소리치지 않아도 작은 몸짓에도 지나가는 생각에도 바로 응답하십니다.

아무리 뛰어봤자 개미

거실 바닥에 엎드려 책을 보는데 눈앞에 개미 한 마리가 지나가더군요. 도대체 이 개미가 어디서 왔지? 고개를 갸우뚱하면서 다른 개미를 찾아봤지만 딱 한 마리뿐이었어요. 아파트에서 참 희한하네 하며 대수롭지 않게 넘기려는데 초등학교 시절이 떠올랐어요. 어린 시절 나무로 만든 오래된 집에서 개미와 불편한 동거를 오래 했어요. 방바닥에 과자 부스러기 한 톨만 떨어뜨려도 온 집안이 난리였죠. 어머니는 머리카락 500개를 붙여 놓은 것 같은 개미 군대를 몸서리치게 싫어하셨지만, 저와 동생은 그 개미 떼가 장난감이었어요. 겨울방학 따뜻한 온돌 바닥에 배를 깔고 이불을 덮고 귤을 까먹으며 지나가는 개미 떼를 아무런 죄책감 없이 집게손가락으로 꾹꾹 한 마리씩, 때론 손바닥으로 꽉 눌러 죽였죠. 그렇게 수십 마리를 죽여도 티 하나 안날만큼 엄청난 군대였지요. 압사의 재미가 사라지면 손바닥 위에 올려놓고 개미를 살펴보기도 했어요. 어떻게든 발버둥 치며 손바닥에서 벗어나 무리로 돌아가려는 그 작은 개미가 가엾기도 하고 재밌기도 하고 뭐 그랬답니다.

과거 수많은 개미 떼를 죽음으로 몬 것에 대해 잠시 반성과 애도를 표하고는 갈팡질팡 어디로 갈지 몰라 헤매는 개미를 조심스럽게 손바닥 위로 올렸습니다. 개미는 고도가 달라졌음을 느꼈을까요? 위기를 느낀 뒤 살길을 찾겠다고 난리가 났어요. 걸음이 빨라지더군요. 6개의 다리에 모터를 달아 열심히 뛰어도 방향을 바꿔도 여전히 제 손바닥 위 아니면 아래, 숨어봤자 손가락 사이였습니다. 뛰어봤자 벼룩이 아니라 뛰어봤자 개미였어요.

순간, 저는 내가 이 개미구나 싶었어요. 게 이 아니고 개미입니다. 개미도 '뇌'라는 게 있을 테고 '생각'이란 걸 하겠지만 인간인 저를 넘어설 순 없겠죠. 개미 따위가 제 행동을 예측한다는 건 불가능합니다. 제아무리 빠른 속도로 앞으로 옆으로 돌아가도 어차피 제 손바닥 안일 뿐이잖아요. '아! 나는 하나님 앞에서 개미 같은 존재구나.'

장로님들이 대표기도를 하실 때면 우리를 먼지보다 못한 존재라고 종종 이야기하시죠. 하나님 앞에서 아무것도 아닌 존재입니다 라는 뜻이겠지만 딱히 와 닿진 않았습니다. 하지만 개미와 인간을 나와 하나님으로 대입해보니 모든 것이 간단하더군요. 제가 아무리 까불어봤자 개미밖에 안 되는 거구나. 어차피 하나님 손바닥 안에 있는데 이왕이면 말 잘 듣고 까불지 말아야겠다는 생각이 들더군요.

인간 앞에서 개미의 생각 따위는 전혀 중요하지 않습니다. 개미가 백 번을 아니 천 번 만 번을 죽었다 깨어난다 해도 인간을 이해하기란 불가능이죠. 제가 하나님의 섭리를 이해하려고 노력하는 것 또한 불가능하기에 불필요합니다. 저는 개미보다 못한 존재고 하나님은 인간보다 더 놀라운 분이니까요. 불필요한 에너지는 쓰지 않으려고요. 그저 하라 하시면 하면 됩니다. 가라 하면 가고 서라 하면 서고 그게 뭐 그리 어렵습니까? 오늘 하루를 살게 하시고 먹게 하시고 입히시고 재우시는 모든 게 하나님 은혜잖아요. 하라는대로 하면 맘 편히 살 수 있는데 그게 뭐라고 그걸 못합니까!

하나님은 무엇을 원하실까? 십계명을 지키라 하셔서 십계명을 지키려고 노력합니다. 성에 차지 않더군요. 귀염을 받고 싶은 아이의 마음으로 하나님을 사랑하니까요. 그래서 제 맘에 들어온 마음이 있습니다. '네 이웃을 네 몸과 같이 사랑하라' 입니다. 객과 과부와 고아를 사랑하라 하셨어요. 소외된 이웃을 돌보라고 하셨죠. 주변 이웃에게 관심을 가지기 시작했습니다. 나의 필요를 채우기 위한 노력이 아니라 그들의 관점에서 그들의 문제에 관심을 가졌습니다. 문제를 해결할 수 있는 지혜를 구하기 위해 책을 읽고 공부를 했죠. 이웃을 사랑하라는 것 또한 단순한 일이더군요. 그들의 문제를 나의 문제처럼 여기면 되는 거였어요. 그렇게 저만의 방식으로 이웃을 사랑하라 하시는 하나님의 말씀을 따라봅니다. 그런데 이게 웬일입니까? 이웃을 사랑하라고 하셔서 그대로 했을 뿐인데 오히려 저에게 유익이 됩니다. 주변에 사람들이 생기고 강의를 연결해 주고 책이 나오고 예비 작가님들이 모입니다. 독서 모임이 활발해지고 제 도움을 구하는 사람들이 늘어납니다. 직업군이 늘어났습니다. 제가 할 수 있어서 한 일이 아니라 이웃을 사랑하는 마음을 실천했을 뿐인데 수입이 늘어나더군요. 참 희한한 일이죠? 더구나 그런 일을 하면서 기뻤습니다. 돈도 받고 감사도 받고 인정도 받게 되더군요. 제 개인의 성장은 당연한 일이고요.

직장에서 유독 인간관계가 힘든 싸움닭 같은 동료가 있었습니다. 사람들은 그 사람 뒤에서 "저 사람 교회 다닌다던데 도대체 왜 그래?"라며 수군거렸습니다. 기독교가 개독교라는 이야기도 들었습니다. 그 대화를 잠잠히 듣고 있던 저는 웃으면서 이렇게 말했어요.
"저분이 교회에 다녔으니 망정이니 안 다녔으면 더 난리 났을걸요."
팔은 안으로 굽는다고 그분의 편을 들어줬지만, 저 또한 그녀의 언행이 거슬리기는 마찬가지여서 씁쓸했어요. 저럴 거면 주일날 교회 다닌다고 이야기를 하지나 말지…. 하는 생각도 들더군요. 한 사람의 태도로 교회 다니는 모든 사람을 싸잡아 욕 듣는 것도 싫었습니다. 그러다가도 제가 뱉은 말을 다시 떠 올려 봅니다. '그래도 교회라도 다니니 저 정도인 거야. 정말 다행이다.'
우리는 교회 안에서 많은 시험을 당합니다. 교인이 교인에게 상처와

쓰라림을 선사하죠. 그렇다고 티를 낼 수도 싸울 수도 없어 시름시름 앓아갑니다. 마음의 병이 생겨 교회를 떠나는 일도 있죠. 처음에는 이런 사람들이 다 나쁘게만 보였습니다. 왜 가족끼리 저럴까? 하는 마음이 들더군요. 그런데 알고 보니 저도 마찬가지였습니다. 이웃사랑을 실천한다고 하면서도 사랑하지 못했습니다. 사랑은커녕 답답함으로 화가 치밀어 오르기도 하더군요. 있는 것 없는 것 다 퍼 주어도 제 속도 몰라줬어요. 시간과 에너지를 모조리 쏟아도 감사의 인사는커녕 오히려 저에게 시련을 주는 사람도 있었어요. 그래서 이웃사랑 실천을 포기해야겠다는 생각도 했습니다.

그러던 어느 날, 어떤 분과 아주 열심히 이야기를 나누고 있었어요. 제 시간과 에너지를 온전히 그분께 쏟아냈습니다. 그분의 이야기를 들어주었고 같이 아파해 주고 제 능력껏 솔루션을 제공하기도 했죠. 이런 일들이 몇 번 반복 되고 보니 그분이 저에게 이렇게 묻습니다.

"당신은 저한테 왜 이렇게 하세요? 이해가 안 돼서요."

그 질문에 저는 선뜻 이렇게 대답하더군요.

"제가 하나님을 믿는데요. 하나님이 이웃을 사랑하라고 하셔서 저는 그냥 이렇게 하는 거예요. 하나님은 당신을 사랑하시거든요."

순간 그분의 눈빛이 흔들렸습니다. 저의 심장은 바운스 바운스를 했고요. 제가 이런 말을 한 건 그때가 처음이었습니다. 온몸에 전율이 흘렀습니다. '아…. 이런 거구나. 내가 잘하고 있구나' 하고 스스로 칭찬을 하면서 속으로 외쳤습니다.

'하나님은 바쁘실 테고 천사님! 보고 계시죠? 일 포인트만 주세요!!'

물론 매번 이러지는 못합니다. 품을 수 없는 사람들도 꽤 많으니까요. 물론 제가 부족해서지요. 제 그릇이 작다 보니 모든 사람을 품기는 무리였습니다. 여러 생각을 하다 제가 내린 결론은 '기다리자'였습니다. 모든 것은 '예스' 혹은 '노' 두 가지의 답만 있는 게 아니었습니다. '웨이트(wait)' 기다리는 것도 하나의 답이더군요. 그분이 다음 단계로 나아가는 걸 제 속도대로 밀어붙이지 않고 기다리는 인내가 필요한 순간이 많더군요. 그러면서 하나님은 얼마나 저를 오랫동안 기다리고 계실까 하는 생각이 들었어요. 이런 어려운 사람을 보내 저를 연단하시는구나 감사하는 마음을 가지기로 했습니다. 어차피 일어난 일이고 다시 물릴 수도 없고 그 사람과 영영 헤어질 일이 아니라면 잠시 거리를 두고 기다리는 것도 방법이 될 거라며 스스로 위로했어요.

이런 순간이 더해지면서 제 그릇이 커지는 게 느껴집니다. 하나님은 그렇게 저를 크게 키우고 계시니까요. 더 많은 사람을 품을 수 있는 넉넉한 마음을 주실 걸 믿습니다. 왜냐고요? 주실 거로 믿으면 받는다고 했으니까요. 믿는 게 의심하기보다 쉽습니다. 하나님 믿고 망했다는 사람 들어 본 적이 없으니까요. 제가 의지할 분 중 가장 큰 분은 하나님 한 분뿐이시니까요. 못 할 이유가 없습니다. 그게 제일 쉽게 사는 일입니다.

누군가를 용서하기 전 먼저 해야 하는 일

한 사람을 몹시도 미워했습니다. 인생이 이토록 불행하고 힘든 이유가 한 사람 때문이라고 생각했거든요. 그 사람이 내게 그러지만 않았더라면…. 이란 생각에 사로잡혀 밤잠을 이루지 못했죠. 온몸이 바들바들 떨리고 상처가 아물기는커녕 더 커지더군요. 피해의식에 사로잡혀 봄의 화사함도, 여름의 반짝임도, 가을의 풍성함도, 겨울의 휴식도 온전히 느끼지 못한 채 몇 년의 시간을 보냈어요. 주변 사람들의 소중함을 알아차리지도 못했고 일상의 소소한 즐거움에도 빠져들지 못했어요. 사람을 미워하는 마음은 검은색이잖아요. 내 마음이 검은색인데 어떻게 노란색을 초록색을 분홍색을 흡수할 수 있겠어요. 모든 것이 나에게로 오면 금세 까만색이 되더군요. 아무리 발버둥 쳐도 인생은 깜깜했어요.

'용서하세요'라고 말하지 않을게요. 당신은 지금 아프니까요. 용서는 건강한 사람이 하는 겁니다. 아픈 당신은, 당신만 생각해도 괜찮아요. 대신 자신을 위해 치유를 선택해 주세요. 내가 아프다. 속상하다. 죽을 것 같다. 원망스럽다. 때려죽이고 싶다. 다시는 보고 싶지도 않다는 마음이 가득한 내 마음이 건강하게 회복되려면 무엇보다도 먼저 치유가 필요합니다.

아픈 저를 낫게 하려고 별짓을 다 했어요. 아시겠지만 새벽기도엘 가서 하나님께 시비도 걸어봤고요. 요가나 등산, 운동을 통해 몸을 건강하게 해 보려고 했어요. 책을 보며 성경을 읽으며 마음을 정화하려고도 했지요. 명상을 시도해 보기도 하고 몸에 좋은 음식으로 영양 보충도 했어요. 건강한 몸에서 건강한 정신이 나온다고도 하잖아요. 부정적인 생각 대신 긍정 심리를 가지려고도 했죠. 주변에 부정 에너지를 가진 사람들을 정리하기도 했어요. 다양한 방법들로 내가 좀 더 멋진 사람이 되기 위해 애썼어요. 전문가를 만나서 상담을 하기도 했죠. 물론 이런 것들이 어느 정도 도움은 되었지만, 아픈 제가 완쾌되진 않더라고요.

가만히 생각해 봤어요. 도대체 어디서부터 문제인지를 들여다보기 시작했죠. 이유를 알겠더군요. '아…. 아직 바닥까지 내려가지 않았구나.' 싶었어요. 그 사람이 너무 밉지만, 성경에선 용서하라고 하잖아요. 말이 쉽지 그건 정말 아무나 못 합니다. 두 마음이 내내 싸우는 거죠. 학창 시절 시험 기간이 되면 공부해야 하는데, 놀고 싶은 마음이죠. 다이어트를 할 때면 먹는 걸 줄여야 하는데 떡볶이는 먹고 싶은 마음요. 일해야 하는데 유튜브를 보고 싶은 마음요. 미워하는 마음도 같더라고요. 미운데 용서해야 한다는 마음이 늘 뒤섞여 있으니 이도 저도 할 수 없이 중간에서 왔다 갔다만 하는 거죠. 그러니 당연히 마음이 늘 지옥이었어요. '아! 바닥을 치고 올라와야겠구나.'

그날부터 온 맘과 정성 다해 마음 바닥까지 내려가 그 사람을 미워했어요. 하지만 그냥 미워만 하면 안 돼요. 미움과 증오는 부정의 에너지라서 그걸 제 안에 넣어 두기만 하면 만병의 근원이 되거든요. 부정의 에너지를 내 몸 밖으로 꺼내는 작업을 시작했어요. 절대 용서하지 않겠다는 독한 마음으로요. 노트북을 열고 써 내려가기 시작했어요. 소화되지 않는 사건들로 다시 돌아가서 그날의 기억을 꺼냈어요. 마주하고 싶지 않은 마음도 있었지만, 용기를 냈습니다. 그날 온도와 냄새까지 모조리 다 써 내려갔어요. 아픈 순간을 다시 마주하니 잊혔다 믿었던 기억이 새록새록 떠오르면서 다시 힘들어지더군요. 포기하지 않고 더 아래로 제 마음의 바닥으로 더 치열하게 내려가 싸웠어요. 최선을 다해 욕하고 원망했습니다. 얼마나 욕을 했을까요? 부글부글한 마음이 어느 순간 저 자신에게 방향을 틀더군요. 저 자신이 순간 너무 불쌍해졌어요. 마음이 시키는 대로 속에 있는 그대로를 깡그리 다 노트북에 옮겨 썼어요. '신혜영! 너 참 불쌍하다. 어떻게 살았니? 어떻게 견뎠니? 얼마나 힘들었니?' 그러다가 또 급히 진전해서 온갖 욕을 다 써 내려갔어요. 네가 인간이냐 부터 시작해서 온갖 숫자와 동물들이 난무했죠. 그러다 어느 날은 제가 가진 모든 구멍에서 물이 나오더군요. 눈물 콧물 침이 얼마나 나오는지 노트북 자판이 고장 날까 봐 실리콘 커버를 사야만 했어요. 악에 받쳐 노트북 자판을 얼마나 신나게 두들겼는지 몰라요. 손가락 지문이 닳는 느낌으로 갈겨썼지요. 같은 사건을 또 쓰고 또 쓰고 또 썼어요. 그때마다 기억은 다른 색깔을 보여주더군요. 뭐 어때요. 누가 볼 것도 아니고 이 글을 그들에게 보여줄 일도 없는데요. 물론 저 또한 이 글을 아니 이 욕지거리를 볼 이유도 없으니까요. 누구의 눈치도 보지 않고 그냥 썼어요. 맞춤법 띄어쓰기 그런 건 당연히 생각할 겨를도 없었죠. 이성적이고 객관적인 시선 따위는 개나 줘 버려! 하면서 누구의 기준점도 이해도 없이 오직 제 기분에 맞춰 실컷 욕을 썼습니다. A4로 100장을 쓴 것 같아요. 한 사람 욕으로 시작된 똥 빼기는 친구로 부모님으로 하나님으로 나 자신으로 이리저리 옮겨 다니며 고름을 뱉어냈어요. 이렇게 실컷 독을 몸속에서 뽑고 나니 어느 순간! 이런 마음이 듭니다.

'이제 됐다.'

그리고는 마음이 극도로 평안해졌어요. 더는 아무것도 쓰지 않아도 괜찮은 마음이 들더군요. 쓰고, 쓰고 또 써서 더는 쓰고 싶은 마음이 생기지 않았어요. 드디어 바닥을 치고 올라온 거죠. 믿기지 않으시겠지만 이런 마음마저 생기더군요.

'내가 이해할 순 없겠지만 나름의 이유가 있었겠지'

'살다 보면 그럴 수도 있지'

'내가 모든 걸 이해할 순 없지 않겠어.'

이 생각을 넘어서 나중에는 이런 생각까지 듭니다.
'덕분에 내가 멋있어졌는걸'
'그 사건이 없었더라면 더 끔찍한 일이 일어났을지도 몰라'
'고맙네. 고마워. 이제 됐어.'

저는 이 작업을 '치유의 글쓰기'라 하는데요, 진심으로 당신께 추천해 드리고 싶어요. 다만 이때 주의점이 몇 가지 있는데요. 첫째 환경을 잘 갖추셔야 해요. 열린 공간은 어렵습니다. 집 안에서 가장 구석진 곳 내가 무엇을 해도 괜찮은 장소와 시간을 찾으셔야 해요. 저는 주로 아이를 재우고 옷 방구석에 자리를 잡고 늦은 밤부터 새벽에 치유의 글쓰기를 했어요. 일반적인 감정이 해저 50m 정도였다면 빛이 아예 들어오지 않는 해저 200m 아래로 내려가야 하기에 가족이나 다른 사람들의 방해받지 않는 시간과 장소를 선택하셔야 합니다. 또한, 해저로 내려가는데 처음엔 시간이 좀 걸리기 때문에 여유로운 시간을 선택하셔야 해요. 한두 시간 가족과 함께 하는 환경에서는 절대 마음의 바닥으로 내려가기가 어렵더군요. 물론 이 작업을 꾸준히 하시면 금방 바닥으로 내려가실 수 있겠지만 처음부터는 힘들 거예요.
두 번째로는 체력이 필요합니다. 산소호흡기 없이 프리다이빙으로 해저 200m에 내려간다고 생각해 보세요. 많은 체력이 필요하기에 뭘 좀 드셔야 합니다. 다이빙 과정이 꽤 힘이 들기 때문에 체력이 받쳐주지 못하면 진이 빠져 더 진행할 수 없더라고요.

마지막으로 이 글을 누가 보면 어쩌나 두려워하지 않기로 해요. 노트북이 공용이라면 한글 파일에 욕지거리를 쓰고 매번 자기 메일로 보내기를 해 놓으시고 깔끔하게 지우시면 됩니다. 매번 새로운 파일에 쓰고 바로 휴지통에 버리지 마시고 그 파일에 이어붙이기로 차곡차곡 모으세요. 무엇을 위해서요? 한 장을 쓰는 것보다는 10장이 더 좋고 10장보다는 100장이 훨씬 더 효과적입니다. 그러니 많이 쓰세요. 자신이 몇 장을 썼는지 분량을 확인할 수 있도록 이어 쓰기를 추천합니다.

내 인생에서 가장 큰 시련을 주는 사람이, 알고 보면 인생 최고의 은인이라 하더군요. 무슨 헛소리야 생각했는데 그 말이 웃프지만 사실입니다. 영화에도 악당이 있어야 주인공이 더 돋보이잖아요. 그분이 없었다면 지금의 저도 없습니다. 하나님과의 관계가 이렇게 다정하지 못했을 테죠. 이 책을 통해 여러분을 만나게 되는 일은 꿈도 못 꿨을 겁니다. 하나님이 주시는 평안은 맛보지 못했을 겁니다. 작가가 되지도 못했을 테죠. 제가 누리는 이 모든 것을 감히 상상도 못 했을 거예요. 그러니 정말 최고의 은인입니다.
최선을 다해 공격적으로 미워하기를 반복했습니다. 온 힘을 다해 제 마음 바닥으로 내려가 쓰레기 더미를 뒤집었어요. 엄청난 쓰레기를 제 눈으로 보고 쓰고 눈물을 빼고 정화작업을 쉬지 않고 했죠. 그러길 한 달쯤 지나니 속이 편안해지더군요. 의식적으로 감사하는 게 아니라 진심으로 감사가 흘러나오더군요. 그러니 용서하지 못할 이유가 없었습니다. 용서는 노력으로 되는 게 아니더군요. 치유되면 용서는 자동입니다.

억지로 용서하려 말고 그냥 자신을 사랑하세요. 내 마음에 쌓인 똥물을 내 몸과 마음 밖으로 꺼내셔요. 모른 척하지 말고 당당히 마주하실 용기를 가지세요. 용기는 사랑이 있어야 가능하잖아요. 새로운 방법으로 날 사랑할 용기를 가져봅시다. 최선을 다해 그 사람을 미워하세요. 그래도 괜찮습니다. 용서는 천천히 하셔도 됩니다. 때가 되면 하나님의 방식으로 엉킨 실타래가 풀리듯 자연스럽게 풀리는 날이 있더라고요.

사람이 두려운 이유

교회 청년과 이런저런 이야기를 나누다 고민 상담까지 하게 되었어요. "집사님, 저는 회사에서 상사 때문에 너무 힘듭니다. 저를 괴롭히려고 작정한 것 같아요. 은근 회사에서 저를 따돌리는 것 같기도 하고요. 일이 힘든 게 아니라 사람이 힘들어 직장을 그만둬야 하나…. 고민이 돼요."

직장상사는 어려운 존재죠. 막내로 직장생활을 할 땐 몰랐는데 저도 시간이 지나고 중간 관리자가 되고 리더가 되면서 다양한 관점을 가지게 되었어요. 알지 못하고 보지 못했던 상사의 마음이 이해된다고나 할까요. 다양한 상황은 분명 존재하겠지만, 인간관계의 문제를 크게 두 부류로 나누면 하나는 타인의 잘못 또 하나는 자신의 잘못입니다. 인성 쓰레기인 경우는 그 사람의 잘못이겠지요. 하지만 그게 사실은 나 때문일 수도 있어요. 오해 없이 들어주세요. 당신이 미처 의식하지 못한 실수나 오해로 혹은 업무의 부족함으로 혹은 태도의 문제로 상사가 당신을 신뢰하지 못해 일어날 수 있다는 말입니다.
먼저 자신을 살펴봅니다. 부족한 부분이 있다면 당연히 채워 나가면 됩니다. 배 째라 정신으로 뻔뻔해지란 말이 아닙니다. 사회에서 필요한 기술은 많습니다. 처세술도 필요하고 소통능력도 필요합니다. 회사마다 분위기나 직장 상사의 성향에 따라 일 처리 방식이 달라질 수도 있습니다. 업무 능력은 스스로 챙겨야 하는 부분이고 당연히 중요하다고 이야기를 하며 한 마디 덧붙였습니다.
"그런데, 네가 뭐 죄지었어? 당당해져. 너는 하나님의 사람이야."

누구 앞에서든 당신이 당당하면 좋겠습니다. 뻔뻔함이 아니라 당당함요. 우리는 죄인이지만 사람 앞에 죄인이 아니라 하나님 앞에서 죄인일 뿐이죠. 하나님께만 숙이면 아니 납작 엎드리면 됩니다. 하나님 앞에서 자기가 잘났다고 까불기 시작하면 모든 지원은 한순간에 끊깁니다. '그래 네가 나 없이 어디 한번 잘살아 봐라' 이런 마음으로 철부지 막내딸의 카드를 정지시키는 아버지 같다고나 할까요. 세상을 만드시고 주관하시는 분께는 '아버지, 당신이 무조건 다 옳습니다. 뭐든 주시는 대로 받겠습니다. 맞습니다. 감사합니다.' 이런 저자세를 보이셔야 합니다.
미국 대통령을 만났다 칩시다. 둘이서 미국의 정치 문화 경제에 관해 이야기한다고 가정해 볼게요. 제가 무슨 이야기를 할 수나 있겠습니까. 제가 할 수 있는 말은 딱 하나 YES! 뿐이겠죠. 미국 대통령이 저한테 뭘 하라고 하면 반박 불가입니다. 답은 하나죠. YES!! 그게 납작 엎드린다는 겁니다. 그런 태도를 100배로 해서 하나님께 대하시면 됩니다. 하나님은 미국 대통령의 100배 이상이지만 (물론 당연히 숫자로 비교할 수 없지만) 100배로 합시다. 이해되시죠? 하나님 앞에서 자존심 세우지 마시고 고집부리지 마시고 꼰대 짓 하지 마세요. 그냥 납작입니다. 세상을 살면서 나보다 돈 많고 빽 있고 똑똑하고 힘 센 사람 앞에선 깨갱 하고 납작 엎드리면서 왜 하나님 앞에선 뻗대는지 도통 이해가 안 됩니다. 우리 쫄지 맙시다. 힘 있다고 갑질하는 사람에겐 더 다부지게, 반대로 약자에겐 부드러우면 좋겠습니다. 강강약약이죠.

당당의 반대가 겸손이라 생각하지 마십시오. 겸손하면서도 당당해질 수 있습니다. 예의 없음을 오만방자하고 뻔뻔하고 대책 없는 태도를 당당함이라 오해하지 마세요. 제가 말하는 당당함은 사람을 두려워하지 않는 마음입니다. 할 말이 있으면 오해가 생기지 않도록 명료하고 깔끔하되 예의 있게 잘 전달하면 되니까요. 그 사람이 화를 낼까 봐, 나를 공격할까, 두려워하지 마세요. 물론 당신이 전하려는 이야기가 하나님 보시기에 기뻐하실만하신 정의로운 이야기라면 말입니다. 하나님 파워를 받아 누구에게든 당당하게 기 펴고 사시면 좋겠습니다.

일 처리 능력이 부족하면 최선을 다해 레벨 업하세요. 작은 일에 충성하고 인내로 연단하고 불평하지 말고 감사하는 마음으로, 일의 영역을 넓히세요. 내가 필요한 사람이 많아지게 하세요. 더 많은 사람에게 그리스도의 향기를 전할 수 있는 영향력 있는 사람이 되세요. 처음부터 그럴 순 없습니다. 어린 시절 운동장에서 땅따먹기 해보셨나요? 100원짜리만 한 내 땅에서 삼각형을 그려 나가듯 그렇게 조금씩 내 영역을 넓혀 운동장 절반을 내 땅으로 만든다 생각하시면 됩니다. 당장 내일 다쳐올 일에 힘들어하지 말고 내년을, 5년, 10년 뒤를 나의 중년을, 은퇴 이후의 삶을 그렇게 차례대로 넓혀 생각해 보면 지금의 몇 달은 아무것도 아닙니다. 대학 4년을 생각해봅시다. 4년 동안 중간기말고사 공부하고 리포트 쓰고 팀 과제에 영어 공부 자격증 공부를 했지요. 동아리 활동도 하고 봉사활동도 했잖아요. 면접 준비도 하고 취업 공부도 했어요. 그런데 5년 10년만 지나고 보면요. 4년 동안 내가 뭘 했지? 싶은 마음이 듭니다. 4년은 치열했지만 지나고 보면 졸업장 한 장의 무게인 거죠. 지금 당신이 겪는 시간도 지나고 보면 딱 그 정도의 무게일 겁니다.

겸손하되 비굴해지지 마세요. 옳은 일을 하는 사람들은 눈에 힘이 있습니다. 피하지 말고 사람을 두려워 마세요. 당신이 두려워해야 할 분은 하나님 한 분뿐입니다. 당신이 이름 모를 한 나라 대통령의 자녀라고 칩시다. 대통령의 아들, 딸이라면 그 존재만으로도 스스로 당당할 겁니다. 누구의 인정이 필요한 게 아니라 본투비 당당함이 있습니다.

당당함이 있으면 물러설 이유가 없습니다. 하나님의 자녀는 대통령의 자녀와 비교할 게 못 되죠. 하나님을 안 믿는 사람은 있어도 모르는 사람은 없잖아요. 우린 그렇게 위대한 분의 자녀입니다. 어깨 펴고 가슴 펴고 당당하게 삽시다. 겸손하면서 당당할 수 있습니다. 스스로 잘나서가 아니라 우리는 하나님의 자녀이기 때문입니다. 내가 어디서 무엇을 하든 나를 지키시는 든든한 분이 계시는데 우리가 못 할 일이 없어요. 잘나서 당당한 게 아니라 하나님을 생각하면서 그분의 메신저로서 당당해집시다. 그래도 괜찮습니다.

이거 실화임?

성경 일독을 하라는 이야기를 예전에는 부담 없는 권유 정도에 그쳤지만, 이 책을 쓰면서 이런 확신이 들더군요. '이렇게 복을 많이 받게 된 첫 단계는 성경 일독이었잖아. 그런데 내가 너무 소극적인 자세였어. 이제부턴 좀 더 적극적으로 밀어붙여야겠어.' 가성비 좋은 화장품을 친구에게 전할 때도 목에 핏대를 세우며 진짜 좋으니까 꼭 써보라고 하면서, 화장품과는 비교도 안 될 성경 일독에는 무심하게 지나가는 이야기 정도로만 전한 게 후회되더군요. 그 후로 강력히 이야기했습니다. 그랬더니 친구 2명이 생애 처음으로 성경 일독을 하게 됩니다. 게다가 먼저 시작한 친구는 연속으로 삼독을 이어나가는 중입니다. 1월에 시작한 일독이, 2월에 2 독이 되더니, 3월에 3독이 된 거죠. 일독하고 나면 생각지 못한 놀라운 선물이 기다리고 있다는 이야기는 비단 저만의 것이 아니더군요. 두 친구 다 눈이 반짝이는 삶을 살기 시작했어요. 하나님과 부쩍 가까워진 셈이죠.

하지만 안타까운 점을 들라면, 하나님만 저를 사랑하는 게 아니라는 겁니다. 마귀도 어찌나 저를 탐내는지 장난이 아니에요. 이제껏 다른 책을 쓸 때는 느끼지 못한 순간들을 참 많이 만납니다. 이 책을 쓰려고만 하면 전화가 옵니다. 예상치 못한 긴급한 일 처리를 해 달라 해서 컴퓨터를 켰다가 시작도 못 하고 나가야 하는 상황이 계속 생기더군요. 사람들이 만나자고 합니다. 일도 해야 하고 사람들도 만나야 하는 게 당연한 일이지만 이상하게 꼭 가만히 있을 때는 아무 일 없다가, 노트북 앞에 앉아 딱 쓸 채비를 하면 일이 일어나더군요. 몸이 아파서 아무것도 못 하게 하는 일도 많았고요. 반복적인 방해를 느끼며 생각했죠.

'마귀, 너 지금 쫄리지? 이 책이 꽤 영향력이 있을 것 같아서 그러지? 분명 그럴 거야. 그래서 방해하겠다고 단단히 마음먹었구나. 그래 봤자 다 헛수고야. 까불지 마!' 그 길로 핸드폰을 낮에도 자동으로 '전화를 받을 수 없습니다.'라는 안내가 나가게 설정했어요. 전화도 문자도 받지 않고 집중했지요. 네가 이기나 내가 이기나 한번 해 보자 싶었어요.

저뿐 아니라, 앞서 말한 생애 첫 일독을 한 두 친구에게도 마귀는 역사했습니다. 이제까지와 다른 삶을 살려는 사람들에게 일어나는, 자연스러운 마귀의 장난이 제 눈엔 다 보였기에 그들과 더 가까이 있어 줬어요. 3명이 똘똘 뭉쳐 하나님의 역사와 마귀의 펨을 매 순간 공유하고 서로를 위로하고 힘이 되어 주었죠. 그렇게 우리는 하나님 안에서 찐 자매들이 되었답니다. 하나님과 함께하는 감사 일기 훈련도 하고 있어요. 일독만 하면 된다고 하더니 바로 다음 단계로 넘어간다고 입이 툭 튀어나와도 이상하리만큼 순순히 받아들이더군요. 그 예쁜 마음에 감동하여 저도 태어나 한 번도 하지 않은 일을 시작했습니다. 바로 러닝이죠. 속으로 생각했어요. '아! 또 놀라우신 하나님이 이런 교묘한 방법으로 나를 강제운동을 시키시네. 철저하시다 정말. 날 사랑해도 너무 사랑하시네. 절대 운동 안 할 거 어찌 아시고 못 빠져나가게끔 하시네. 그것도 내가 제일 꺼리는 달리기를 시키시다니. 하나님 정말 대단하십니다. 제가 어찌할 재간이 없군요.'

뒷이야기는 이렇습니다. 저의 무지막지한 성경 일독과 감사 일기 푸시를 받은 친구가 저에게 러닝을 추천하더군요. 운동을 너무 안 하는 거 아니냐? 다 좋은데 몸 생각도 좀 해야 한다며 러닝을 추천하는데 거절할 수 없었어요. 관계라는 건 주고받는 거잖아요. 그렇게 서로의 심신 건강을 위해 태어나 한 번도 하지 않은 일을 시작했습니다. 저도 그들도 다 마찬가지였지요. 그렇게 저는 글을 쓰다 집중이 안 되면 바깥으로 나가 잰걸음으로 달리기도 빨리 걷기도 아닌 애매한 속도로 두 발을 공중에 띄우고 있답니다. 상상도 못 한 일이 일어납니다. 제 다음 단계가 5km 마라톤 도전이라면 성경 읽기를 끝내고 감사 일기를 쓰고 있는 친구들의 다음 단계도 있겠지요,

3독을 하는 친구가 묻더군요.

"성경도 읽고 감사 일기도 쓰는데 다음 단계는 뭐라고 생각해?"

"음…. 네 이웃을 내 몸과 같이 사랑하는 거라고 말 하고 싶은데?"

"네 이웃을 내 몸과 같이 사랑하라는 건 예수님 레벨 정도가 됐을 때 가능한 거 아니야?"

"나도 그렇게 생각해. 예수님 급이 되어야 할 수 있는 일이지. 처음엔 그것도 모르고 스스로 얼마나 까불었는지 몰라. '이웃사랑 실천이 제 소명입니다.'라고 말하고 다니니까 어디까지가 네 이웃이냐고 묻는데 할 말이 없더라고. 내가 뭐라고 모든 사람이 이웃이 되고 모든 사람을 내 몸처럼 사랑할 수 있겠니? 그건 거짓말이잖아. 그래서 깔끔하게 포기했어. 모든 사람이 내 이웃이지만 내가 모든 사람을 다 도울 순 없으니까, 내가 뭐 예수님도 아니잖아. 그걸 어떻게 해. 난 못해. 대신 맘 편히 가까이 얼굴 보는 사람들을 내 이웃이라고 정의했어. 하지만 내가 더 큰 사람이 되면 내 이웃의 범위도 더 넓어질 수 있겠지? 욕심 내지 말고 차근차근히 해 보려고."

"그래, 지금은 내가 너의 이웃이니 나에게만 집중해 주길 바라. 고마워 친구. 하나님 덕분에 친구에게 이렇게 사랑받네. 하하하."

우리는 그렇게 모든 공을 다시 하나님께로 돌렸습니다. 마주 보며 이야기를 나누는 시간에도 통화에서도 카톡에서도 우리의 대화에는 늘 하나님이 빠지지 않고 등장합니다. 누가 보면 미쳤다고 생각할 만큼 종교에 폭 빠진 사람 같습니다만 이단 사이비와 다른 점이 있다면 중심이 분명합니다. 단단하지만 말캉거리죠. 탄탄한 뱃가죽 아래로 끊임없이 움직이는 배꼽 주변 같다고나 할까요? 하나님은 중심을 보시는가 하셨는데 우리의 중심은 한마디로 참 잘 돌아가고 있답니다.

그날 오후, 또 다른 친구에게서 톡이 왔어요.
'나 지금 카페에 막 와서 성경 읽으려는데, 내 맞은편에 길 잃은 불쌍한 한 영혼과 그 영혼을 잡아먹으려는 패거리가 같이 앉아있어. 딱 보니 신천지 삘 이야.'
바로 전화를 걸었습니다.
"너 지금 당장 그 자리로 가서 물어봐. 지금 뭐 하세요? 이 한마디면 돼. 너 할 수 있어."
"뭐라고? 내가 그걸 어떻게 해. 나 못해. 생판 처음 보는 사람들이야."
"아니야. 너 지금 충분히 할 힘이 있어. 왜냐면 너 일독했잖아. 네 힘으로 하는 게 아니라 하나님 파워로 하는 거야. 그 유명한 모세도 처음에 너처럼 못한다 했지. 근데 생각해 봐. 모세가 이스라엘 백성을 구했냐? 하나님 하신 일이잖아. 네가 하는 게 아니니까 걱정하지 말고 가서 딱 한 마디만 해."
"야, 그래도 나 못해."
"지금 기도하자. 하나님 예원이가 지금 하나님 파워를 가지고 당당하게 저 테이블로 가서 불쌍한 어린 영혼을 저들에게 뺏기지 않게 도와주세요. 예원이를 지키는 천사가 평소에 3명이라면 30명 300명을 당장 붙여주세요. 지금 제 옆에 있는 천사들도 거기로 바로 보내주세요. 군사들이 에워싸 예원이 머리털 하나 상하지 않게 보살펴 주시고 강인함을 주세요. 하나님 파워를 느끼게 해 주세요. 예수님 이름으로 기도드렸습니다. 아멘."

"아멘."

"자 이제 출동! 너 할 수 있어. 하나님 파워가 뭔지 가서 딱 보여줘. 여러 말 안 해도 돼. 딱 한 마디야. 여기서 지금 뭐 하세요? 끝! 나머지는 하나님한테 맡겨. 너한테 다시 전화 올 때까지 나 아무것도 안 하고 널 위해 기도할게."

낯가림이 유독 심하고 소심한 예원이었지만 전화를 끊고는 저벅저벅 그 테이블로 걸어갔습니다. 작고 가냘픈 그녀의 입에서 질기고 단단한 한 마디가 나왔습니다.

"성경 얘기하시는 것 같은데, 같이 들어도 될까요?"

그렇게 시작된 대화는 3분이 채 걸리지 않았어요. 포식자는 예원이의 눈빛에 아니 예원에 주변에 포진되어 있는 하나님의 군사에 바로 기가 꺾여 서둘러 자리를 떴답니다. 평소 예원이의 모습으로는 어림 반 푼어치도 없는 일이었죠. 그녀는 자리에 남아있는 한 영혼에 이런저런 이야기를 해줬어요. 이렇게 성경 공부를 하자는 건 뉴스에서나 보는 모든 사이비나 이상한 종교니까 조심해야 한다며 제대로 된 교회 정보를 주고는 헤어졌죠.

"예원아 일독 선물인가 봐. 갓 파워를 느끼니까 어때?"

"있…. 을 수…. 없는…. 일들이 일어나고 있어. 상……. 상도 못했던…. 일이긴 해."
"앞으로 매일 일어나는 일들에 대해 예민함을 가져봐. 하나님이 매일 매 순간 너와 함께 하심을 느낄 수 있을 거야. 멋지다. 김예원!! 하나님 땡큐."

사실 저에게도 이런 일이 있었죠. 친구네 학원엘 잠시 들렀는데 잡것들 2명이 제 친구와 함께 떡하니 앉아 성경책을 펴고 성경 공부를 하고 있더라고요. 느낌이 딱 오더군요. 묻지도 따지지도 않고 직진했습니다.
"지금 여기서 뭐 하세요?"
최대한 성질을 내지 않고 말했지만, 그 당시 제 손에 커피가 들려져 있으면 했답니다. 드라마의 한 장면처럼 그냥 퍼부어 주고 싶었거든요. 내 소중한 친구에게 지금 뭐 하는 짓이냐? 가만두지 않겠다! 이런 마음이었죠. 한마디만 했을 뿐인데 그 둘은 꽁무니를 빼며 얼른 성경을 덮더니 그 길로 순식간에 사라졌습니다. 제가 한 게 아니죠. 2:1이었잖아요. 아닙니다. 아마 200:2가 아니었나 싶어요. 그 순간 하나님의 군대가 바로 제 옆에 있었을 겁니다. 생각만 해도 짜릿하지 않나요? 오직 나 하나를 호위하기 위해 몇 백 명의 천사들이 제 옆을 에워싸고 있다고 생각하면 감사가 절로 나옵니다. 걸음을 잠시 멈추고 질문을 해 봅니다.

"넌 지금 여기서 뭐 하고 있니?"
당당하게 대답하고 싶습니다. 하나님을 사랑해서 시키는 대로 살고 있어요. 기뻐하라고 하셔서 기뻐하고, 쉬지 말고 기도하라고 하셔서 늘 하나님께 조잘조잘하고, 범사에 감사하라고 하셔서 감사할 거리에만 집중해요. 이웃사랑 하라고 하셔서 마음이 좀 더 큰 사람이 되려고 노력 중입니다. 하나님을 웃게 하려고 무진장 애를 씁니다. 그래서 오늘이 평안하고 내일이 기대되고 매일 설렙니다.

그대도 그랬으면 참 좋겠습니다. 하나님은 당신을 무진장 사랑하시니까요.

마치는 글

주일 저녁 9시, 퇴고하는데 갑자기 노트북이 뻗어버리더군요. 어라? 갑자기 얘가 왜 이러지? 열심히 쓴 원고가 홀라당 날아갔을까 덜컥 겁이 나 바로 핸드폰으로 노트북의 이상 증상을 검색하는데 이유를 모르겠더군요. 에라 모르겠다 싶은 마음으로 노트북이 주는 강제휴식을 위안 삼아 침대에 벌러덩 몸을 던졌죠. 그때 뜬금없이 이런 생각이 들더군요.
'집을 사야겠어.'
나이가 드니 아파트보다 주택에 관심이 생기더군요. 옥상이 있고 주차가 편한 주택을 사서 리모델링을 하고 사무실을 하나 넣으면 좋겠다는 생각이 훅 들어오더군요. 바로 인터넷 검색을 시작했죠. 어디 마땅한 게 있으려나 하는데 물건이 몇 개 보이더군요. 캡처하고는 다음 날 아침 부동산으로 전화를 걸었죠.
"안녕하세요. 인터넷 부동산 보고 전화드렸습니다. 이 물건들 오늘 확인할 수 있을까요?"
"네 그럼요. 지금 오셔도 됩니다."
그 길로 부동산 소장님을 뵙고 투어를 시작했습니다. 막상 가 보니 딱! 이거다 싶진 않더군요. 첫술에 배부른 물건은 없으니까요. 그렇게 허탕을 치고 다시 부동산 사무실로 돌아가려는데 소장님이 저에게 물어보십니다.
"혹시, 상가건물은, 관심 없으세요?"

"에이! 소장님, 뭐래요. 코로나 때문에 다들 임대가 안 나가서 난린데 지금 상가를 사서 어쩌자는 거예요."
"그럴 때 투자라고 생각하시고, 하나 보세요. 진짜 괜찮은 물건이 있어서 그래요."
"뭐…. 그럼 일단 보기나 해요. 보는데 돈 드는 것도 아니잖아요."
아무런 기대 없이 소장님을 따라 상가건물을 보러 갔는데 제 눈에는 '이거다!' 싶은 거예요. 20대 때부터 시작한 부동산 공부에 임대 수익 경험 때문이었을까요? 그냥 딱, 이건 내 거다! 싶더군요.
"소장님, 이 빌딩 괜찮은 것 같아요. 그런데 제 건물이긴 해도 부모님과 의논 드릴 시간이 필요해요. 오늘 바로 오시라고 하고 의논해 볼게요."
다짜고짜 부모님께 연락드렸습니다. 마침 그날이 월요일이라 쉬는 날이셨거든요.
"엄마, 아빠, 지금 잠시 오실 수 있으세요? 저 건물 하나 사려고 부동산 왔습니다."
약속 장소로 출발하시겠다고 하시더군요. 물론 오시는 길에 네가 지금 제정신이냐는 잔소리는 기본 옵션이었지만요. 소장님은 부모님께 다시 건물을 보여 드리며 찬찬히 설명해 주셨고 그날 저는 주인에게 계약금을 입금했어요. 2시간 만에 제가 건물 아니 빌딩주가 되었습니다. 물론 까 보면 제 것이 아니라 은행 것이겠지만요.

빌딩 주인요? 사실 꿈에도 생각 못 한 일이죠. 자그마한 상가 하나가 아니라 빌딩이니까요. 이건 통이 아주 다른 일이잖아요. 가만히 돌이켜 생각해 봅니다. 어떻게 나에게 이런 일이 일어났을까? 답은 하나입니다. 이건 제가 한 일이 아니라 하나님이 하신 일이십니다. 퇴고에 정신이 빠져 있던 제가 부동산에 눈을 돌리게 하신 방법은 노트북의 정신 줄을 놓게 하신 거죠. 그 부동산 소장님을 만난 것, 그때 하필 그 물건이 있었던 것, 그 모든 것이 2시간 만에 결정될 수 있었던 것은 다 하나님의 철저한 계획하심 이란 걸 알게 되었습니다. 더 놀라운 사실은 며칠 뒤, 노트북은 언제 아팠냐는 듯 멀쩡히 살아 돌아왔다는 거죠. 이유는 여전히 알 수 없지만 간단하게 생각하기로 했어요. 하나님이 제게 복을 주시려고 이렇게 세팅하신 거구나. 그게 아니라면 이 모든 일은 설명이 안 되니까요. 하나님은 저를 참 많이 사랑하시나 봐요. 일 분 일 초까지 정확하신 분이십니다.

마귀의 끈질긴 방해에도 불구하고 원고를 완성했지만 '이제 됐다!' 싶은 마음이 들지 않더군요. 1~2주가 그냥 그렇게 흘러갔습니다. 하나님의 때가 되지 않은 이유가 뭔지 궁금했습니다. 기다렸어요. 답답하고 초조했지만 제가 할 수 있는 일은 없다는 걸 알고 있었거든요. 그런데 이제야 그 이유를 알 것 같습니다. 하나님을 웃게 하면 깔깔거리게 된다는 것! 설레는 일들이 마구 생긴다는 걸 더 정확히 알게 하려고 그러셨나 봅니다.
저에게 일어난 일들이 저에게만 해당하는 것이 아님을 똑똑히 보여주셨습니다. 상상도 못 한 선물이 친구들에게도 쏟아지기 시작했으니까요. 막연하기만 했던 일들이 아주 자연스럽게 펼쳐지고 있으니까요. 저는 압니다. 그게 바로 하나님의 방식이라는 사실을 말이죠. 궁서체 어조로 진지하게 부탁드립니다.

이제 당신 차례입니다.

하나님을 웃게 만든 당신의 이야기를 들려주세요.
두 손 모아 기다리겠습니다.